数字经济背景下地方应用型
高校学生职业规划发展研究

宋路平 ◈ 著

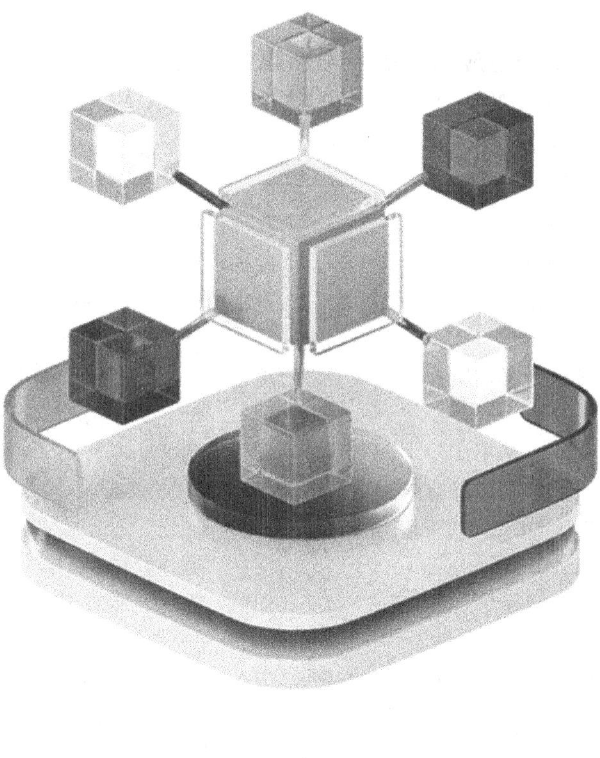

郑州大学出版社

图书在版编目(CIP)数据

数字经济背景下地方应用型高校学生职业规划发展研究 / 宋路平著. -- 郑州 : 郑州大学出版社, 2024. 6.
ISBN 978-7-5773-0388-8

Ⅰ. G647.38

中国国家版本馆 CIP 数据核字第 2024VA9834 号

数字经济背景下地方应用型高校学生职业规划发展研究

SHUZI JINGJI BEIJING XIA DIFANG YINGYONGXING GAOXIAO XUESHENG ZHIYE GUIHUA FAZHAN YANJIU

策划编辑	宋妍妍	封面设计	王 微
责任编辑	席静雅	版式设计	苏永生
责任校对	宋妍妍	责任监制	李瑞卿

出版发行	郑州大学出版社	地 址	郑州市大学路 40 号(450052)
出 版 人	孙保营	网 址	http://www.zzup.cn
经 销	全国新华书店	发行电话	0371-66966070
印 刷	郑州宁昌印务有限公司		
开 本	710 mm×1 010 mm 1 / 16		
印 张	11.25	字 数	195 千字
版 次	2024 年 6 月第 1 版	印 次	2024 年 6 月第 1 次印刷

书 号	ISBN 978-7-5773-0388-8	定 价	52.00 元

前 言

在数字经济背景下，职业规划日益受到社会各界的广泛关注，而高校大学生是社会人力资源中较高层次的特殊群体，其就业情况对学生个人及其家庭、对社会都会产生深远的影响，既关系高校与学生个人的生存与发展，也与家庭和谐、社会稳定紧密相关。因此，基于数字经济时代背景探索地方应用型高校学生职业规划发展具有较强的现实价值与意义。对于地方应用型高校来说，其承担着培养社会所需的高质量应用型人才，更要切实地发挥大学生职业规划的作用，紧紧围绕着大学生职业生涯发展和成功就业的实际情况，采取有效的措施帮助大学生开展科学、高效的职业规划。本书可以划分为五个部分，第一部分为绪论，简要概述了本书研究背景与意义、国内外研究现状、研究思路与内容以及研究方法等，确保本书接下来的撰写具有较强的理论基础。第二部分为相关概念界定与理论基础，首先对数字经济、职业规划、地方应用型高校的基本概念进行解读，其次论述了本书研究的理论基础，最后阐明了大学生职业规划发展的必要性。第三部分为国外高校学生职业规划的成功经验，选择美国高校、德国高校、澳大利亚高校作为典型案例，分析了这三个国家大学生职业规划的具体措施，并总结相关经验。第四部分为数字经济背景下地方应用型高校学生职业规划发展现状，简要论述了数字经济背景下青年职业选择与职业发展，剖析了当前地方应用型高校学生职业规划发展面临的现实困境，以及相关相应因素，为对策的制定提供了依据。第五部分为数字经济背景下地方应用型高校学生职业规划的有效策略，具体从学校层面、政府和社会层面、学生个人层面来制定针对性的解决方案，以此形成合力，共同为地方应用型高校学生职业规划发展贡献力量。

总之，本书立足数字经济的时代背景，对地方应用型高校学生职业规划发展的多个方面展开了系统的研究，并取得了一定的研究成果，可以为其他类型的高校大学生职业规划发展提供经验。鉴于本人能力有限，研究结果可能仍存在不足之处，望专家学者能够给予指导，我将在日后的研究工作中加以补充与完善，特此感谢。

目 录

绪　论

第一节　研究背景与意义

一、研究背景

如今,随着新科技革命和产业革命的不断发展,越来越多的新科技新智能融入人们的日常生活中,5G、云计算、大数据、区块链等新兴技术对产业转型也起到了关键的促进作用,这意味着人类已经迈入了数字经济时代。在中国,数字经济同样受到了重视,2021 年,《中华人民共和国国民经济和社会发展第十四个五年规划和 2035 年远景目标纲要》中明确提出,“加快数字化发展 建设数字中国”,其中数字经济核心产业增加值占 GDP 的比重从 2020 年的 7.8% 提升到 2025 年的 10%,以此实现中国经济高质量发展的目标。但要清晰地认识到,数字经济在促进国家经济发展的同时,也面临着数字人才短缺的问题。一方面,相对于数字经济领域急剧增加的人才需求,当前我国数字经济人才供给缺口大。中国信息通信研究院预测,到 2030 年时,我国 5G 建设中会新增 800 万的人才缺口。另一方面,数字经济对低技能劳动力的需求下降。而数字技术更迭速度快,在刺激经济增长的同时也意味着,若想保持相同的就业率,劳动者更新与之相匹配技能的速度必须赶上技术更迭的速度。然而,目前现有的高校教育以及企业培训并不能满足这一点,从高校教育来说,当前我国高校教育仍然缺少对数字化人才培养的重视,大多数高校并没有从数字经济的角度来制订针对性的人才培养方案,导致高校毕业生尚不具备较强的数字化意识与技能,难以满足数字经济时代对人才提出的新要求。基于此,本书将地方应用型高校作为突破口,重点研究了地方应用型高校学生职业规划的有效发展,以此促进大学生就业,保障大学生权益。

二、研究意义

（一）理论意义

通过对现有研究的梳理可知，当前大多数学者是基于数字经济研究大学生就业，关于数字经济对大学生职业规划的影响研究相对较少一些。本书从数字经济的时代背景出发，对地方应用型高校学生职业规划发展进行了研究，基于现实困境提出了相应的解决方案，有助于补充和丰富大学生职业规划理论体系、实践经验与教育成果，为我国高校开展大学生职业规划教育提供必要的理论依据，这也是人力资源管理的新课题。

（二）现实意义

数字经济背景下大学生职业规划研究对大学生个人、高校、社会都发挥着关键的影响作用。从大学生个人角度来看，职业规划意味着职业选择，也是大学生在经历高考进入大学选择专业之后，按照本专业所匹配的职业要求，经过大学四年的学习以及学校的专业指导，一步一步地提升自己的综合素质与能力，以满足未来职业的需求。换言之，大学生职业规划不是纸上谈兵，而是一个复杂的系统工程，是依据当前大学生的就业形势和压力，大学生在选定专业之后，根据自己的选择来展现出自我主动性，通过自身努力增强各方面素质，使其尽早地具备未来职业所要求的各项能力，进而提升大学生在就业竞争中的竞争实力。基于数字经济时代探索地方应用型高校学生职业规划，可以有效地提高大学生的综合素质，实现人和职业、职位的和谐，为大学生发展奠定坚实的基础。从高校的角度来看，在对大学生职业规划进行研究的过程中可以推动教学与学生管理工作的改进与完善，解决当前学校所面临的就业困境、生源困境、学生培养困境等，使得学校的生存与发展的需求得到满足，增强学生的知名度与竞争力。从社会的角度来看，通过高质量的职业规划，大学生具备了完备的知识结构与较高的竞争力，将促进整个社会的发展与和谐，有助于解决大学生就业率低的问题，也能够实现社会就业与再就业，进而促进社会和谐与稳定。

第二节　国内外研究现状综述

一、国内研究现状

（一）数字经济的相关研究

田高良、高军武（2024）认为，数字经济时代下，物联网、云计算、人工智能技术促进了企业智能财务与管理的创新，激励企业构建智能化的财务战略框架，以此增强企业管理创新能力，可见，数字经济对企业产生了多方位的影响作用，企业战略、企业管理、企业创新、企业财务等都受到了数字经济的深刻影响。[①] 简冠群、苗雨欣（2024）认为，数字经济为传统供应链赋能提供了便利的条件，使得数字产业化、产业数字化成为数字经济时代下提升产业附加值的有效方式。[②] 刘晓菲（2024）认为，数字经济在乡村经济振兴中发挥着重要的影响作用，不仅提高了乡村生产管理的整体水平，为农村产业高效发展、农村生活优化、农村政府管理效率提升等起到了积极的促进作用，还彰显出了数字经济的时代价值与意义。[③] 于澜等人（2023）认为，数字经济下要对智慧养老模式进行创新，但是也要注意的是，不能够片面地看待信息技术赋能，要重视数字经济背景下智慧服务中的组织协同、信息价值、数字化建设，加强数字化、信息化与智能医疗服务之间的联系，从而满足人口老龄化的时代需求。[④] 秦建群等人（2022）认为，数字经济深刻地影响着产业结构升级，在数字经济时代下，可以借助技术创新与金融发展来推动产业结构升级。[⑤] 梁梓潞等人（2022）认为，数字经济时代要求新商科人才既要精通商

---

① 田高良，高军武. 数字经济时代业财融合的本质及价值创造思考［J］. 会计之友，2024（6）：8-14.

② 简冠群，苗雨欣. 数字经济赋能传统制造业供应链韧性研究［J］. 对外经贸，2024（2）：33-36.

③ 刘晓菲. 数字经济赋能乡村经济振兴路径研究［J］. 对外经贸，2024（2）：55-58.

④ 于澜，韩杌希，魏晓妍. 数字经济下的智慧养老模式［J］. 四川劳动保障，2023（12）：44-45.

⑤ 秦建群，赵晶晶，王薇. 数字经济对产业结构升级影响的中介效应与经验证据［J］. 统计与决策，2022，38（11）：99-103.

科的相关专业知识以及逐渐融合商科内部各学科的知识，更重要的是还要掌握大数据分析技术、数据编程技术以及计算机技术，实现将商科知识与其他工科理科知识进行融会贯通，进而形成复合型、综合型、综合应用型的知识能力结构，学会在商科知识与其他理工科知识之间搭建桥梁。① 吴新叶(2022)基于政府治理的视角指出数字政府建设已经进入了技术赋能 2.0 时代，因此要加强数字经济与政府治理之间的紧密融合，构建相应的算法场景技术赋能框架，提高公共服务的供给质量。② 蒋敏娟等人(2022)构建了数字素养“五力”模型，在提升公民数字素养时，既要强调数字化设备的基本操作知识和技能，也要注重行业企业数字化转型过程中需要的共同技能。③ 李洁、王琴梅(2022)在研究中总结得出，我国数字经济整体发展水平提升且呈现“高—高”或“低—低”的空间集聚特征；南北区域差异显著，南方数字经济发展水平总体高于北方，具有更明显的空间溢出效应；2013 年以后南方数字经济收敛态势快于北方，主要差距体现在数字经济创新维度方面。④ 王晨晨等人(2021)认为，数字经济的发展和科学技术的进步，使企业所处的营销环境发生了前所未有的变化，与此同时消费者的购买习惯也发生了颠覆性转变。数字经济促进了企业营销模式的多样化发展，网络营销成为企业必不可少的销售服务模式之一。⑤

(二)大学生职业规划的相关研究

王蕾等人(2024)认为，大学生对职业生涯规划指导的内容需求主要集中于就业信息与专业指导，获取途径需求则聚焦于互联网。职业生涯规划指导需求受个人兴趣特长了解程度、自我职业倾向了解程度、职业生涯规划

---

① 梁梓潞，于佳弘，梁运吉. 数字经济时代新商科实践型人才培养路径研究[J]. 对外经贸，2022(12)：154-157.

② 吴新叶. 算法赋能的场景议题与应用框架：以数字政府建设为对象[J]. 人文杂志，2022(6)：40-49.

③ 蒋敏娟，翟云. 数字化转型背景下的公民数字素养：框架、挑战与应对方略[J]. 电子政务，2022(1)：54-65.

④ 李洁，王琴梅. 数字经济发展水平测度及时空演变[J]. 统计与决策，2022，38(24)：73-78.

⑤ 王晨晨，谭佳慧，史阁妮. 数字经济背景下企业网络营销策略研究[J]. 商展经济，2021(24)：105-107.

指导对就业的帮助度这三个因素的影响。① 汪翠翠(2023)认为,职业规划并不是一项容易的任务,因为它需要学生了解自己的职业兴趣、性格、能力、价值观,并将这些要素与不断变化的职业市场需求相结合。在大数据时代,我们可以借助大数据技术的力量,为大学生提供更加精确、个性化和实时的职业规划支持。② 于立清、罗帅(2023)认为,当前高职院校毕业生就业现状并不乐观,大学生就业观念淡薄、就业压力小、就业动作慢,为此,要充分认识到职业规划及就业指导的重要性,勇于打破传统思维模式的局限性,帮助大学生进行高效、合理的职业规划,避免大学生出现盲目择业、就业的情况。③ 张颖(2023)认为,要正确地看待大学生职业生涯规划教育的重要性,确保大学生职业生涯规划教育具有较强的全程化、专业化、全员化,通过多种形式的职业生涯规划教育来为大学生提供个性化服务。④ 褚桐菲(2023)认为,将职业生涯规划与创新创业教育结合在一起,能够激励学生发现自我潜能,培养学生创新能力。当前职业生涯规划与创新创业教育相结合面临着一定的困境,例如师资力量薄弱、教育资源不足、学生学习意识不强等,为此要制订针对性的解决方案。⑤ 张自强(2022)认为,在社会主义市场经济环境下,社会对人才的要求日益多元化,培养学生良好的职业能力与社会适应能力成为当前人才培养工作的重要内容,需要思政教育发挥价值引领作用,引导学生树立正确的择业观,具备良好的职业规划能力。⑥ 段立颖(2022)认为,思政理念与职业规划和就业指导的融合,使大学生在提升职业规划与就业能力的同时,形成求真务实、艰苦奋斗、爱岗敬业的精神。此外,思政理念的融入还有利于提升高校教师的教学能力与素养,转变他们的育人观念,提升他

---

① 王蕾,李春波,王荻. 大学生职业生涯规划指导思考[J]. 合作经济与科技,2024(3):92-94.

② 汪翠翠. 以大数据为支撑的大学生职业规划系统构建与优化[J]. 国际公关,2023(24):185-187.

③ 于立清,罗帅. 高职院校学生职业规划及就业指导策略[J]. 就业与保障,2023(12):109-111.

④ 张颖. 普通本科学生职业生涯规划教育现状调查研究:以 W 学院为例[J]. 吉林农业科技学院学报,2023,32(6):11-14+30.

⑤ 褚桐菲. 论高职院校大学生职业生涯规划与创新创业教育相结合[J]. 华章,2023(12):6-8.

⑥ 张自强. 以思想政治教育指引学生职业生涯规划[J]. 中学政治教学参考,2022(48):99.

们对大学生职业规划与就业指导的重视度。① 孙艺萌(2022)认为,校企合作是为数不多参与社会实践的机会,也是大学生完成职业规划的重要组成部分,因此为了能够提升就业指导效能,教师可以在校企合作的基础上创新工作模式,通过大学生实践基地等渠道来强化大学生的实践技能,丰富其社会经历。②

二、国外研究现状

(一)数字经济的相关研究

国外学者对数字经济展开了丰富的理论研究,如 Ojanperä 等人(2019)认为,数字经济能够对创造经济价值的方式进行一定的改变,因为数字经济可以深刻地影响商业结构和相关流程。③ Greve(2019)基于产业融合的角度认为数字经济对欧洲福利国家企业就业和融资起到了关键的影响作用,先进的数字技术加快了产业融合的进程。④ Lordan 等人(2018)认为,数字技术促进企业技术创新且对劳动者的技能要求越来越高。⑤ Bukht 等人(2017)认为,数字经济是由新一代信息技术和基于数字商品或数字服务的商业模式所产生的经济产出部分,注重数字经济的产出功能。⑥ Cortes 等人(2017)认为,数字技术可以提高产业创新力,为社会提供更多岗位供劳动者就业。⑦ Erickson 等人(2016)认为,数字技术会促进企业高效率运转,数字技术的发

---

① 段立颖."大思政"视域下大学生职业规划与就业能力提升策略［J].职业教育,2022,21 (23):60-61+78.

② 孙艺萌.大学生职业规划与就业指导分析［J].人才资源开发,2022(20):74-76.

③ Ojanperä S, Graham M, Zook M. The digital knowledge economy index: mapping content production[J]. The Journal of Development Studies,2019,55(12):2626-2643.

④ Greve B. The digital economy and the future of European welfare states[J]. International Social Security Review,2019,72(3):79-94.

⑤ Lordan G,Neumark D. People versus machines:The impact of minimum wages on automatable jobs[J]. Labour Economics,2018,52:40-53.

⑥ Bukht R,Heeks R. Defining,conceptualising and measuring the digital economy[J]. Development Informatics working paper,2017 (68).

⑦ Cortes G M, Jaimovich N, Siu H E. Disappearing routine jobs: Who, how, and why? [J]. Journal of Monetary Economics,2017,91:69-87.

展促进岗位高效率且对所有层次的就业产生积极影响。[①] Miller 等人（2001）认为，数字经济是一种新的经济形态，涉及新一代信息技术、网络设施、数据要素，不仅与电子信息制造业、信息技术服务业、互联网行业等紧密相关，同时也涵盖了政府借助新一代信息技术开展的数字化创新，例如治理模式创新、治理能力创新、治理体系创新等。[②]

（二）职业规划的相关研究

国外对于员工职业发展管理的研究比较成熟，如 Selart 等人（2017）在对低年级学生与高年级学生的职业发展水平进行研究时发现，职业发展水平在学生中不存在性别和年级的差异。[③] Jackson 等人（2006）认为，专门为销售人员提供了一份详尽的职业发展清单，标明了各项收益、实施步骤、管理效果等，为销售人员衡量自身的职业发展水平提供了有效参考。[④] Bish 等人（2004）在对组织公平进行研究时发现，当员工获得发展机会，尤其是获得理想的发展机会时，员工感受到的公平感和工作满意度更强，工作积极性和效率更高。[⑤]

三、研究述评

通过对国内外学者关于数字经济、职业规划、大学生职业规划的理论研究成果的整理可知，当前很多学者从不同的角度、不同的领域探索了数字经济的时代价值与应用，但是有关数字经济与职业规划的研究相对较少，普遍是从数字经济的时代背景研究就业，没有深入地探索数字经济与职业规划之间的必然联系；同时在大学生职业规划研究方面，国内学者很少关注地方应用型高校学生职业规划发展，倾向于从宏观的角度论述数字经济背景下

---

① Erickson K. Regulating the sharing economy: introduction to the special issue [J]. Internet Policy Review, 2016, 5(2).

② Miller P, Wilsdon J. Digital futures—an agenda for a sustainable digital economy [J]. Corporate Environmental Strategy, 2001, 8(3): 275–280.

③ Selart M, Johansen S T. Coping with career development: a field study measuring the influence of work characteristics and employee personality [J]. Behaviormetrika, 2017, 44: 559–573.

④ Jackson Jr D W, Hollmann T, Gallan A S. Examining career development programs for the sales force [J]. Journal of Business & Industrial Marketing, 2006, 21(5): 291–299.

⑤ Bish A J, Bradley L M, Sargent L D. Career Development for going beyond the call of duty: is it perceived as fair? [J]. Career Development International, 2004, 9(4): 391–405.

大学生职业规划的问题与解决对策，这意味着该领域研究还有待进一步补充与完善。基于此，本书立足于数字经济的时代背景，将地方应用型高校作为研究对象，阐述了数字经济背景下地方应用型高校学生职业规划面临的现实困境、影响因素，并根据研究成果制订了针对性的解决方案，以期帮助地方应用型高校学生在未来就业中最大程度地实现自身的价值。

第三节　研究的整体思路与内容及方法

一、整体思路与内容

绪论部分，借助文献资料法等多种研究方法搜集与整理了国内外学者关于数字经济、职业规划、大学生职业规划的相关理论研究成果，通过对不同学者观点的阐述来了解当前研究形势，并且简要概述了本书研究背景与意义、研究思路与内容、研究方法。

第一章，相关概念界定与理论基础。对本书研究所涉及的一些概念进行解读，围绕人力资本理论、社会性别理论、职业锚理论、人—职匹配理论、舒伯的生涯发展理论阐述了本书研究的理论基础，紧接着分析了大学生职业规划的必要性，表现为有助于帮助大学生了解自身职业特点与优势、有助于提高大学生的社会竞争力、有助于推动人才市场的合理配置、有助于实现大学生个性化发展。

第二章，国外高校学生职业规划的成功经验。对美国高校学生职业规划、德国高校学生职业规划、澳大利亚学生职业规划展开了详细的论述，对美国、德国、澳大利亚高校学生职业规划的成功经验进行系统的总结，并在对比研究中阐述了高校学生职业规划的发展趋势与展望。

第三章，数字经济背景下地方应用型高校学生职业规划发展现状。首先，基于数字经济背景论述了青年职业选择与职业发展，展现出了数字经济与青年职业之间的必然联系。其次，剖析了数字经济背景下地方应用型高校学生职业规划面临的现实困境，表现为多个方面。最后，根据上述研究成果总结了地方应用型高校学生职业规划发展的影响因素。

第四章，数字经济背景下地方应用型高校学生职业规划的有效策略。根据研究成果，从学校层面、政府和社会层面、大学生个人层面三个角度制定了解决方案。①学校层面:构建适应数字经济时代的职业指导体系,加强数字技术与学生课程教学的深度融合,注重对高校大学生职业精神的培养与引导,建立高效、精准的大学生职业规划服务平台,打造数字化实训基地,丰富大学生社会实践,大力提升师资队伍的数字技能水平。②政府和社会层面:加强新职业领域的劳动者权益保护,逐步推进高校大学生就业信息化建设,营造良好的大学生职业规划氛围,大力发展数字经济促进学生就业。③大学生个人层面:基于数字经济时代特征做好学业规划,积极主动地提升自身的职业技能。

二、研究方法

1. 文献资料法

对国内外关于数字经济、职业规划、大学生职业规划的研究文献与实践结果进行归纳与整理,了解国内外在这一领域的研究进展与成果,以此作为借鉴。

2. 比较研究法

对比分析美国高校学生职业规划、德国高校学生职业规划、澳大利亚高校学生职业规划,对这些国家所采取的相关措施进行总结与分析,为我国地方应用型高校学生职业规划发展提供有利的经验借鉴。

3. 理论分析法

结合当前数字经济背景下地方应用型高校学生职业规划的时代价值与意义,在多个理论基础上,对当前地方应用型高校学生职业规划发展中存在的问题及影响因素进行总结与分析,并提出了改进地方应用型高校学生职业生涯规划发展的主要对策。

4. 经验总结法

总结了国外典型高校学生职业规划的基本概况,对照有关理论模型对其解析、分类、总结,将其研究领域内在的运行规律、特点等进行系统化、理论化和结构化,以此获得有价值的参考依据。

第一章

职业规划的相关概念界定与理论基础

第一节　职业规划相关概念界定

一、数字经济

“数字经济”这个概念最早由美国经济学家唐·塔斯考特(Don Tapscott)提出,20 世纪 90 年代,他在自己所写的文中首次提到“数字经济”这一词。虽然唐·塔斯考特在文中并没有对数字经济的概念做出完整的解释,但他明确指出数字经济在未来会成为一种全新的经济发展形态并且影响世界各国的经济发展。新的经济模式诞生必然会伴随着新型企业的出现,同时在很短时间段内各类新兴技术也会呈现爆发式增长。正如唐·塔斯考特所预测的,在之后的 30 多年时间里,全球的数字技术都在飞速发展,以数字技术为依托,各国的数字经济快速成长并带动社会生产力进一步发展。但由于互联网不断地普及,数字产业化程度越来越高,数字经济所涵盖的范围越来越广,在很长一段时间内学者们对数字经济的具体概念一直无法达成一致。

我国经济学者对数字经济的概念的界定也尚未达成统一,主要分为几个派系。一部分学者认为数字经济的关键在于“信息化”,数字经济是数字产业化和产业数字化背景下必然会出现的一种新型经济形态。这部分学者认为数字经济是将信息技术、信息网络、信息手段等多个方面融合在一起,是全范围实现信息化,也是科技高阶的一种表现形式。另有一部分学者是从数字经济的涵盖面对其进行定义。这部分学者认为数字经济是以数字技术为基础,以互联网和移动网络为依托,在原有的经济基础上形成的一种新型经济形态。若对数字经济的要素进行归纳,主要分为三个部分:数字技术、数字网络、生产要素。

国外的经济学者对数字经济的概念界定同样也未达成一致。在2000年前后，当时的主流观点认为数字经济的实质是一种以服务为主体的贸易经济，这种新型贸易经济形态需要借助电子商务达成。当时，许多经济学者认为，与其将数字经济当成是一种新的经济形态，不如将其当成是新技术背景下随之出现的一种经济效应。但是随着数字经济不断地发展，学者们渐渐意识到数字经济已经超出了“经济效应”的范畴，形成了一种全新的经济形态。这时出现了新的理念，认为数字经济的涵盖面是非常广泛的，任何一种信息只要能够被计算机识别并且能够产生价值和供需双方，就属于数字经济的范畴。数字经济不仅涵盖了通信、计算机、信息，还与电子业务、电子商务、数字媒体紧密连接。具体来看，联合国发布的《2019年数字经济报告》中认为，数字平台和数据是当前推动数字经济快速发展的重要驱动因素。数字平台包括了创新平台和交易平台两部分。前者能够为程序和软件的应用等创造环境，后者则能够基于在线的基础设施实现多边或多市场的交流互通。数字经济以数字技术为基础，而数字技术又以信息通信技术为前提。

时至今日，数字技术和不同的行业领域之间的融合不断加深。数字经济也因此被催生出来，并在长期的发展过程中走向成熟。此处结合前文相关研究资料及社会实际，就如何衡量某一地区的数字经济发展水平做简单的陈述，具体从数字技术基础设施、数字媒体、数字交易方式三个方面展开。

数字技术基础设施，顾名思义，就是能为数字经济的发展提供基础性保障的设施设备等。数字技术是推动数字经济快速发展的重要基础，主要包括计算机软件、计算机硬件以及电信设备、各类信息通信设备等。这些设施设备的存在，会让数字经济的稳定运行和快速发展，有足够坚实且安全的保障性基础设施准备。

数字媒体，是进行信息传输的重要媒介或载体。当下的数字媒体和农耕文明时期的签订契约、飞鸽传书以及工业文明时期的收据索要、支票签订、信件邮寄等有异曲同工之妙，都旨在借助于物理方式进行信息的快速传递，不过在当前的数字经济时代，所有的信息传输方式都被数字化所取代，各类信息内容都能够以极快的速度和多元的方式完成时间和空间上的传输，而且这种信息传输不再受到时空的限制，接收者能够在较短的时间内接收到大量信息，甚至能根据自身的需要对接收到的信息进行一定的分辨和筛选。尤其近些年，以大数据等技术为依托的现场直播媒体和个性化媒体等的不断发展，让数字化媒体有了更进一步的创新和完善。

数字交易方式，是人们进行物品交换的新时代重要形式。传统的农耕文明时期，人们通过以物易物的形式换取最基础的生存物资，这样的交易方式看似简单，实则极为不便，直至工业文明时期，纸币货币出现以后，金融机构也随之出现，人们的交易方式有了更明显的改进，便利性也更强，但是有形货币的交易也在一定程度上限制了人们的消费。当下的数字经济时代，数字钱包等无形货币的出现，让交易方式由线下转为线上，人们交易的产品物美价廉的优势进一步凸显，交易过程中人们还能够享受到更为便捷舒适的消费体验，消费便利性大幅提升。而这些作为重要的数字经济构成范围，在凸显当前的社会时代特征的同时，也为推动制造业产业的转型升级，提供了更多的前提和基础。

虽然目前国内外对数字经济都缺乏统一的概念，但仔细研究会发现，对于数字经济的核心要素还是存在共同认知的，即互联网和通信技术。我们讨论数字经济背景下高校应用型人才培养，就可以牢牢抓住这两点，为社会输出一批专业型人才。

数字经济时代下催生了一批全新的职业，比如网约配送员、大数据工程技术员、人工智能技术员等，的确是给市场发展注入了新鲜的血液，带来更多的就业机会，但同时新的职业也面临着新的挑战。首先，既然是新的职业，那就意味着是探索者，缺乏参照系，需要在摸索中前进。现在数字经济和实体经济不断融合，许多边界已经慢慢模糊了，作为从业者能够清晰地感受到工作方式、内容、场地等都发生了变化，并不像过去实体经济下那么中规中矩，变得更加“灵活”。灵活固然是好的，但是相伴而生的就是不确定性和不稳定性，具体到从业者身上，就会产生很强的焦虑感。其次，新职业明显呈现出“年轻化”的特征，新一代的年轻人进入这些全新的行业，由于年轻人本身工作经验少，加上新兴职业没有参照系，可能一段时间过去后就会产生职业倦怠。年轻人容易迷失自我，又不愿意花费时间和精力提升自我，一不小心就会陷入恶性循环。再次，新的职业岗位社会劳动保障力不足。不少岗位是数字经济时代下刚刚出现的，对这些岗位的整体社会保护力度是不够的。就以网签加盟平台的从业者为例，他们具体享受哪些劳动保障，又是以怎么样的方式和平台合作，出现问题时应该由谁来承担责任，等等，这些问题都缺少明确的答案，并且相关的条例也还未完善。最后，这些新职业也是对职业精神的一种挑战。萌生的新兴职业往往都注重技术，技术过硬，是他们能够在新时代经济下享受红利的重要原因。但不排除一些人把技术抬得过高,变得急功近利,反而忘记了基本的职业精神和职业操守,比如当下急切需要整顿的直播市场,有些主播为了博取流量而毫无底线。若是不能遵守最基本的职业精神,这些新兴职业很可能出现职业发展后劲不足的现象。

二、职业规划

“职业”是社会学范畴内的一个概念,指的是一个人连续地从事某种特殊活动并且能够从这种社会活动中取得一定的收入,同时也能提供对等的市场价值。此外,美国的经济学者认为一个人的职业除了能够获得经济收入之外,更重要的是还决定了其社会地位。在一个人的职业生涯中,总是伴随着选择和被选择的行为过程。当然,一个人一生的职业工种也有可能会发生变化。总的来说,职业的核心目的有两个:一是能够让人取得收入,维持生活开销;二是能够让人与社会保持良性的链接,同时也能够实现自我价值,获得社会认可。基于这两个目的,我们所谈论的“职业规划”就是要找到一个个人能力与职业要求互相适应的岗位。社会行业、社会工种千千万,如何才能够找到适合自己的那一个?个体会对自己的未来生活有个目标,如何才能更快地实现目标?这就需要进行规划。因此,如果把自己一生的职业道路比喻成一个作品,那么职业规划就是“策划设计”,对自己未来的整个职业生涯做好充分的准备。有些人认为“策划”没有什么用,因为人是会变的,可能若干年之后就转业了,起初的规划和设计都没有参考价值了。其实不然,一个人的职业生涯的确是动态的,很少有人能够一辈子都在一个岗位上,但是职业规划同样也可以是动态发展的。职业规划是基于每个人的主客观条件之上,结合个人、企业、社会等因素进行综合分析,从而制订出一个长期职业发展计划。职业规划包含以下三个部分。

第一,制定职业目标。人的职业生涯是动态的,因此在制定目标时,也可以把职业目标分为阶段性目标和长期性目标。举个例子,某个人的长期性目标是想要开一家属于自己的广告公司。那么,就可以先制定阶段性目标,第一阶段的目标是积累经验和积累人脉;第二阶段的目标是学习管理经验;第三阶段的目标是寻找合适的合作伙伴。

第二,制定适合自己的方式和方法。同样是创业,不同的人采用的方式和方法是不同的。有的人虽然什么都不精通,但是胆子大,直接先把公司开起来,然后再慢慢学习,遇到问题解决问题。这种方法的优势是在实践中学习，能够用很短的时间达成高效的目的，但劣势是风险太大，一次失败可能要用很多年时间来填补，而且前期要有雄厚的资金支持。所以，会采用这种直接高效方法的人，通常都有着不错的家庭背景，并不适合普通人群。条条大路通罗马，在确定了目标之后要结合自身的条件，找到适合自己的方法。

第三，提前做好准备。把目标和方法都找到后，就可以及早做准备，把自己的精力和状态调整到最好。比如，有些人想要从事国际的相关工作，那么就可以早早开始练习并提高外语水平，包括口语和写作两方面。这些“基本功”训练，对未来从业都有帮助。

高校在进行职业规划时，应该遵循以下四个基本原则：

第一，以人为本。所有的规划都是围绕“人”展开的，这里的“人”指的学生，应该考虑学生的兴趣、能力以及价值取向，为学生找到一个适合的职业选择。[①] 千万不要本末倒置，将企业的需求放在学生前面。如果为了帮助企业找到合适的“人”，就强迫学生做出牺牲或者退让，那就违背了以人为本的原则。

第二，以社会需求为导向。可能有些学生和家长会觉得这样太过现实，但事实就是如此，职业规划的目的是帮助学生更好地走向社会，收获职场成功。有时候理想很丰满，但现实是很骨感的，所有的规划都必须立足于当下，必须踏踏实实，能够落地执行。职业规划允许存在一定的弹性，但每一次的选择都必须与社会需求存在强烈的关系。职业规划就是要教会学生如何收集有效的政策和信息，并且运用这些信息做出正确的决策以适应社会的需求和变化，避免在职场里处于被动状态。

第三，个性化。虽然职业规划有方法有逻辑，但是具体落到每个个体时，应该遵守个性化的原则。简单来说，同样一套方案不可能适合所有的学生，因为每个学生的家庭背景、身体特征和能力特征都是不同的。如何帮助学生更全面地了解自己，将自我优势发挥到最大，这是高校职业规划需要考虑的问题。

第四，系统化。所谓系统化是指职业规划应该贯穿于大学四年，而不是仅仅只局限于即将毕业的这一年。人在不同的时期对外界的理解和感知是不同的，因此在不同的时间对工作的态度也会产生差异。如果只是在大四

---

① 王蕾，李春波，王荻. 大学生职业生涯规划指导思考[J]. 合作经济与科技，2024(3)：92-94.

这一年强迫式地灌输观念，不仅效果低下，还可能会引起学生的反感。所以，职业规划需要在学生进入校园的那一刻就开始，做好系统规划，每一年应该开展哪些相关的活动或课程，利用四年时间帮助学生树立正确的观念。

三、地方应用型高校

所谓应用型高校，是指兼具学术型高校以及职业高等院校的优点，但又不乏独自特色的一种新型高校。地方应用型高校直接归属于当地政府管辖，其中一个办学宗旨是为促进当地经济发展，为当地培养一批具备理论且兼具实操能力的专业新型应用型人才，为人才储备建设做好基础服务。“应用型”是相对于“学术型”而言的。那么，如何区别一所高校属于哪种类型？很简单，只需要关注这所高校更注重于哪个方向，是更注重于理论培养还是更注重应用培养。过去，我国的许多高校都属于学术型高校，这类高校的优势在于理论基础扎实，但实操性较弱。在应用型高校还未正式出现之前，想要学习技术往往只能依靠高职高专院校。高职高专院校与学术型高校相反，属于实用型学校，实操性强，但理论知识学习相对薄弱。应用型高校整合了两者的优缺点，一手抓理论知识，一手抓实操经验，旨在为社会提供一批复合型、应用型人才。应用型高校的学历以本科为主，但也不能缺少研究生，因为也需要承担部分科研型工作。地方应用型高校在设置专业时往往会考虑当地的经济发展需求，思考当地未来发展需要哪些新型人才，在组建教师团队时会同时考虑教师的理论知识和实操经验。此外，地方应用型高校的另一特色是与当地的代表企业合作，为在校生提供各种各样的实践机会和创业机会，让学生更好更快地了解企业需要什么样的人才，为自己未来的职业规划做好铺垫。

第二节　职业规划的理论基础

一、人力资本理论

“人力资本”这个词是由美国经济学家西奥多·舒尔茨（T. W. Schultz）在一次演讲中首次提出，而人力资本理论是在20世纪60年代兴起的。这个理论认为，人力资本真正探索的是一个人后天能够获得的能力，而不只是其先天所具备的能力。后天能够获得的能力是指这个人从小到大，经历了家庭启蒙、学校教育、职场规培等一系列正规或非正规的学习后，所能获得的全部就业能力。在此理论基础上，经济学者们研究出了"就业能力模型"。这个模型更多的是关注个人自身能力，将注意力集中在四个维度上，分别是个人的适应性、个人的社会资本、个人的人力资本以及个人的职业认同。其实，西方对人力资本理论的相关研究很早就开始了，至今已经超过了300年的时间。这段漫长的研究史，可以分为以下两个时期。

第一个时期：萌芽时期。这个时期以威廉·配第（William Petty）为代表人物。这个时期的特点是物质资本不富裕，甚至可以用"稀缺"来形容，在整个社会经济活动中，物质资本占据着至关重要的作用，当时几乎所有人都将目光集中在物质资本上，而以威廉·配第为代表的经济学家发现了影响市场经济的另外一个重要因素——人力资本。他们认为在经济活动中，人才是创造价值的核心。虽然在萌芽时期，人力资本的概念还没有完全形成，但是很多经济学专家已经开始意识到人在社会经济活动中占据的重要位置。过去，人们认为生产要素包括三个：土地、物质以及劳动力，而威廉·配第提出将"技术"作为第四个要素，与另外三个要素放在同等地位。[①] 他明确指出，在某种具体的生产活动中，具备专项技术的人所做出的贡献远远超过了不具备专项技术的人。之后，亚当·史密斯（Adam Smith）意识到这种"技术"就是经验，而经验对生产有着至关重要的作用，属于人力资本的重要组成部分。史密斯认为人力资本是可以投资的，而投资的重要渠道就是教育和培训。马克思又细化了这一理论，明确指出想要让工人具备有用的才能，首先要提供学习机会并投入学习成本，而这些投入的成本最终会反馈在利润上。

第二个时期：形成时期。这个时期以西奥多·舒尔茨（T. W. Schultz）为代表人物。在这个时期人力资本理论受到社会各界人士的广泛关注，许多经济学者先后发表自己的观点和看法，并且形成规范性的纸质资料。这也进一步加速了人力资本理论的快速形成。西奥多·舒尔茨提出了人力资本理论的框架，人力资本的核心要素是"人"，明确地指出了人力资本应该是把一个人的知识储备、体力储备、所能够提供的价值等当成一个整体。人力资

---

① 刘佳，张春梅，潘晓梦. 人力资本理论下广东制造业创新型人才培养路径[J]. 哈尔滨职业技术学院学报，2024(1)：108-111.

本是这些内容的总和，而不应当只是着眼于其中的一个部分，过分放大或缩小某些部分都不合适。他认为一个人所具备的能力价值可以分为5种，分别是学习、工作、娱乐、创造以及均衡。既然人力资本是可投资的，西奥多·舒尔茨认为，为了获得更好的资源而产生的费用都可以列为人力资本投资。比如，20世纪许多父母为了孩子能得到更好的教育机会、医疗机会或是就业机会，选择举家从一个地区迁移到另一个地区，这种花费就可以算为人力资本投资。再如，学生放弃进入企业的机会而选择继续读研深造，其所放弃的收入也属于人力资本投资。

加里·贝克尔(Gary Becker)是这一阶段的另一代表人物，他指出既然培训和教育是人力资本投资的两个重要部分，那么投资成本和取得收益就可以用经济理论测算出来。[①] 于是在之前的基础上，加里·贝克尔提出了"人力资本投资模型"。在这个模型中有两条重要曲线，一条曲线代表一个人不接受教育的收入情况，另一条曲线代表一个人接受教育的收入情况。很显然，刚开始肯定是不接受教育的曲线处于更高的位置，但随着时间推移，这条曲线的增长是非常缓慢的。另一条接受教育的曲线，刚开始处于负数的位置，这是因为接受教育非但不能带来收入，还要额外产生一笔成本。接受教育的成本除了实打实的学费、生活费等直接成本之外，还有因为放弃就业而产生的机会成本。但是同样随着时间推移，接受教育的收入曲线增长幅度是爆发式的。从这个投资模型中也可以很直观地看出，一个人是否愿意接受教育，与未来的收入有直接的关系，只有未来的收入超过直接成本和间接成本，才会选择接受教育。但这个投资模型理论过于简单且理想化，因为对于接受教育的人来说，能够取得的收入是未来发生的事情，但是投入的成本却是当下马上要发生的事情，那么应该如何平衡这之间的关系？经济学者在原有的投资模型理论基础上，引入了"现值"和"贴现"两个要素，并得出了对应的公式。此外，当时的经济学家发现，当整个社会环境下人们愿意在教育上投入更多的成本时，不仅会在经济活动中产生收益，还会在其他方面产生意想不到的正向收益。具体表现有：其一，根据数值显示，受教育程度水平低的人失业的可能性更高，同样地，犯罪的可能性也更高。因此，社会虽然在教育上投入了更多的成本，但是相对地在社会福利支出方面却

① 施亚兰.基于人力资本理论的劳动教育资源优化路径[J].中国就业，2023(12)：33-35.

有了明显的减少。其二，各个社会团体举办的文娱活动、政治活动等，受教育程度高的人们的参与度也更高。这对于维持社会秩序有着重要意义。其三，良好的教育能够顺延到后代，受益者不只是一代人。父母是孩子最好的教师，父母自己感受到了教育的益处，自然也会重视孩子的教育，会尽全力给下一代提供更加优秀的教育环境。

到目前为止，人力资本理论与方法已经被广泛地应用于企业理论、劳动经济、教育经济、收入分配等多个领域，下面将介绍几种具有代表性，同时对本书研究也具有指导性的理论。

第一，薪酬激励理论。薪酬不仅是支付员工劳动的报酬，也是一种激励员工努力工作的手段，是影响员工积极主动性、工作效率和质量的重要因素，是企业必须付出的人力成本。[①] 在市场竞争如此激烈的今天，让人满意的报酬是完成工作的前提，是最有效的激励因素。薪酬对于员工极为重要，它不仅是员工的一种谋生依赖，而且还能满足员工的价值感。激励理论经历了由单一货币刺激到满足多种需要的历史演进过程。为了有效解决激励问题，高校在大学生职业规划中必须建立有效的薪酬激励机制，调动师资力量的积极性与主动性。赫茨伯格于 1966 年提出双因素激励理论，将员工的薪酬分为两类：一是保健性因素；二是激励性因素。他认为员工对待工作的态度很大程度上决定着任务的成败，要想真正激励员工努力工作，必须重视激励因素，只有这些因素才会真正增加员工的满意度，因此改善保健因素，而重视激励因素必然有助于充分发挥人力资源管理调动组织成员积极性和创造性的功能。现阶段很多公司推行“全面薪酬战略”，即将薪酬福利与绩效挂钩，根据自身的实际情况选择适宜的薪酬模式，给予员工可量化的货币性价值，以实现最佳的激励效果。

第二，人力资本产权理论。第一次把人力资本及其产权用于对现代企业制度的理解是斯蒂格勒和弗里德曼，他们指出，大企业的股东对自己的财务资本拥有完全产权和控制权，而经理拥有对自己管理知识的完全产权和支配权。当时国外理论界对“企业所有权”的问题有两种截然相反的观点，一种观点认为“物质资本所有者拥有企业所有权”，另一种观点认为“物质资本只能拥有企业的部分所有权”。人力资本产权是人力资本所有者通过使

① 李艺凡. 国有企业科技人才薪酬激励机制研究［J］. 中国集体经济，2024（5）：134-137.

用其拥有的人力资本而导致的获益或受损的一种特殊权利，它是一种行为性权利，是人力资本的所有权、处分权、收益权等一系列权利的总称。“正是人力资本的产权特点，使市场的企业合约不可能在事先规定一切，必须保留一些事前说不清楚的内容而由激励机制来调节，‘激励性契约’是企业制度的关键，不但要考虑各要素的市场定价机制，而且要考虑人力资本要素在企业中的相互作用，以及企业组织与不确定市场的需求关联。激励得当，企业才能节约一般市场的交易费用，并使这种节约多于企业本身的组织成本，即达到企业的‘组织盈利’。”①21 世纪是知识经济时代，企业的要素结构正在发生重大变化，除传统的资本要素和劳动要素投入之外，技术和管理的投入在企业的发展中越来越重要，而人力资本已然成为最关键的要素投入，它应同其他资本投资者一样，拥有与所投资本相应的那部分产权。这同样适用于高校，大学生是一种特殊的、高层次的人才资本，在引导大学生进行职业规划中应该注重大学生这一人力资本的功能与价值，运用人力资本产权理论实现人力资本的最大化投入。

三是人力资本风险理论。风险是指在一定条件下和一定时期内可能发生的各种结果的变动程度，它的核心就是指无法达到预期报酬的可能性。任何一项投资，由于未来收益的不确定性，必然使得其存在一定程度的风险，而投资对象的不同导致风向程度也不同。随着市场和投资技术的发展，非人力资本所有者承担的风险已逐步弱化，而人力资本，特别是经营管理和技术型人力资本，承担的企业风险在逐步增加。② 由于人力资本的特殊性决定了投资人力资本的风险高于其他项目的风险，究其原因，是因为人力资本依附于人本身，人一旦受到生命安全及健康等方面的意外侵害，人力资本价值将急剧降低。因此人力资本所有者应该是风险承担者，体现为其人力资本随时都有贬值的可能，根据“谁承担风险，谁参与收益”的原则，企业人力资本所有者参与企业剩余分配是人力资本风险性的一种内在要求。人力资本风险理论对高校大学生职业规划发展同样具有重要的启示，要求高校在指导大学生职业规划的过程中要正确地认识到人力资本投资所面临的一些风险。

---

① 周其仁. 市场里的企业：一个人力资本与非人力资本的特别合约[J]. 经济研究，1996(6)：71-80.

② 刘文，罗润东. 人力资本投资风险理论研究新进展[J]. 经济学动态，2010(1)：91-96.

二、社会性别理论

“社会性别”这个词诞生于20世纪70年代左右,它是相对于“生理性别”而言的。在社会性别提出之前,人们对性别的判定是非常单一的,是依靠人的外在生殖器进行判断。人在出生的那一刻就具备了特定的生殖器,这个时候就可以将人判定为“男性”或者“女性”。随着年龄不断增长,第二性征不断发育且趋于成熟,这时候人们开始有了追逐配偶的欲望,于是便结婚生子,直至生老病死,完成了人类生活的整个过程。在很长一段时间里,人们都默认这是一个正常的循环,当时的人们认为人类的性别是很简单的,不是男性就是女性。相对的,社会赋予男性和女性的职责也是不同的,男性需要外出打拼赚钱,女性则在家里养育孩子。之后,美国人类学家米德(Margaret Mead)发现,在新几内亚的一些部落中,男性和女性的社会行为与人们的传统认知并不相同。在一些部落中,不论是男性还是女性,性格都像男性一样;还有些部落则完全相反,男性的性格敏感、柔弱,而女性的性格勇敢、坚毅。于是,米德在自己的文中写到,人的性格可能与性别特征没有关系,社会也不应该根据生理性别来规定人的穿着。犹太心理学家桑德拉·鲁斯·利普西茨·贝姆(Sandra Ruth Lipsitz Bem)同样对生理性别提出了质疑,她对75名学生进行了心理测试。测试结果发现,人类的性别显示气质与生理性别并不完全相同。以男性测试结果为例,约三分之一学生的测试结果显示同时具有男性和女性的气质,而真正显示具有男性气质的男性仅仅只有三分之一,剩余三分之一的男性则是既不显示男性气质,也不显示女性气质。所以,看似非常简单的一个性别判断,开始有了争议,人们意识到性别不只是依据生殖器来判定,于是“社会性别”的概念诞生了。社会学认为“性别”的区别方式并不是单一的。过去,人们根据染色体、生殖器官对性别加以区分,这种区分方式属于生物性别,英文单词是“sex”;而根据个人气质、社会角色对性别加以区分,这种区分方式则属于社会性别,英文单词是“gender”。社会性别理论作为一种全新的理论,刚提出时遭受到了很多人的不解和批判。但是,任何一个成熟的理论不可避免都要经历这个阶段,渐渐的,人们意识到社会性别理论的最终目的是让人们意识到生理性别和社会性别是两个不同的概念,两者是可以独立开来看待的。

社会性别理论的提出具有以下重要意义:

第一,它让人们从另一个角度重新来看“两性”一词。这个理论强调社会性别并非“天生”的，而是社会赋予的。比如，过去人们认为，在家庭中男性角色应当承担“养家糊口”的责任，女性角色应当承担“相夫教子”的责任。其实，并没有法律规定两性在家庭中的工作分配应该如此，但约定俗成，大家都这么默认了，如果某个家庭的分工不是这样，就会让人感到惊奇。

第二，它让人们更深入理解“两性平等”。社会性别是一个人长期在社会生活中慢慢形成的，并且它也并非一成不变的，随着个体在社会上继续生活，社会性别也会随着生活经历的改变而发生改变。起初，很多人认为社会性别理论是要挑起男女对立，是女权主义的手段，后来学者们意识到这个理论的核心是强调男女平等，并不是将另一性别视为“敌人”，反而是将男女双方放在一个公平的视角看待。[①] 用平等的眼光看待男女，这才是两性平等的真正内核。

第三，它从微观层次让一些行为变得合理化。过去，有很多行为在长期的社会生活中人们已经达成了共识，虽然没有理由，但是默认就是应该如此。比如，长发、穿裙子、做美甲，这些都是女性的行为；剃胡须、短发、光膀子，这些都是男性的行为，一旦有人有了与自己生理性别不同的行为，就会被贴上“异类”的标签。认真观察会发现这种共识存在生活的诸多方面，但社会性别理论就打破了所谓的共识。不违法，不挑战人伦道德，不伤害他人，一些行为的存在就存在合理性和必然性。因此，社会性别理论对一些传统社会分工和价值理念提出了质疑，拓宽了两性职业选择的可能性，寻求更加平等的两性关系。

过去，女性主义学者虽然一直强调女性意识觉醒，但不知不觉中却总是以男性的标准来要求女性，认为在工作和生活中女性只有做到和男性一样，才能证明两性平等。但社会性别理论给了女性主义学者一个全新的视角，从反复自证的陷阱中抽身出来。女性社会角色其实是受社会制度和社会文化所影响，如果一直沉浸在证明“女性不比男性弱”的旋涡中，那其实是对女性的另一种束缚和压迫。另外，社会性别理论是一种全新的哲学思维模式，它让人们打破了传统二元思维模式，开启了多元化思维模式。所谓二元思维模式简单来说，就是非此即彼，套入两性则认为人的性别“非男即女”。二元思维模式最大的问题是存在局限性，而多元化思维模式则弥补了这个缺

① 刘辉. 社会性别理论视角下我国高校体育选课性别差异现象研究[J]. 文体用品与科技，2021(22)：154-156.

陷,提倡和谐共存的理念。社会性别理论承认了人作为个体允许存在个体性和差异性,帮助人们意识到人类性别关系除了与先天激素、器官有关之外,还与人的阶级、种族、辈分等社会关系有着直接的关系。总的来说,社会性别是由社会文化共同构建的,并非由某个单一因素决定。社会性别理论的提出也是“人本意识”觉醒的重要标志,当时的社会学者意识到可持续发展必须围绕“人”展开。社会和谐发展不应该以牺牲男性或女性为代价,男性和女性从来就不是对立的关系,在富有人性的理想社会里,男女应该是平等、互助、尊重、和谐的良好状态。

总的来说,受不同派别女性主义影响,社会性别理论研究派系繁杂,成果丰富,各派系立场和选题都不尽相同,目前还没有形成一个清晰完整的概念。笔者通过对大量不同派系社会性别著作的研究,将社会性别理论归纳为以下四个核心观点:

第一,社会性别是一种社会构建。社会性别理论的最核心观点即社会性别是一种社会构建,它反对了生物性别先天决定论,强调性别规范和性别观念的后天构建,强调社会性别文化的能动作用。[①] 它提出建构者在家庭、居住社区、学校等文化场所潜移默化地影响着被构建者的性别观念的形成,而过程中出现的那些抗拒和排斥的被构建者通常还会受到构建者的批评、非议,从而迫使其回归主流的性别规范,使男童成长为男人,女童成长为女人。例如,爬树、“打仗”等激烈、对抗性的游戏对于男童来说通常会得到长辈的鼓励,而对于女孩则经常被指责为没有女孩子的样子。

第二,社会性别是一种权力关系。这一观点源于上文提到的激进女性主义代表凯特·米丽特(Kate Millett)发表于1970年的《性政治》,她将政治学的概念“权力”引入两性关系进行研究,提出父权制是导致两性不平等的根本原因,两性关系实际是支配和从属的关系。法国哲学家米歇尔·福柯也提出天经地义的性别差异是源于男性通过掌握权力而控制的话语权,话语权使男性处于文化建构的制高点,从而进一步对女性进行控制和支配。例如,男主外、女主内的性别分工其实更有利于男性通过更多的经济权以支配女性。然而,女性却普遍认为这是一种合理的分工。

第三,社会性别是一种制度安排。这一观点出自上文提到的盖尔·鲁

---

① 刘冰,马鸿韬.社会性别理论视角下我国女性健身文化现状与培育路径[J].体育文化导刊,2021(4):66-71.

宾的《女性交易：性在“政治经济学”初探》，鲁宾提出，人类的两性关系一直都受到习俗与人的制约，并且形成了一系列的制度安排，具体到政治制度则体现在封建社会中男性在权力继承上的唯一性或优先性，时至今日，政治权力也依然主要掌控在男性手中。具体到经济制度，则体现在女性更多从事无经济回报的家务劳动，而在职场中也常常遇到行业或职位的性别歧视，在此经济制度影响下，女性往往处于弱势的位置，需要依附男性。[①] 具体到教育制度，体现在某些专业的性别限制，例如军事、国防、航海、地质等专业往往限报男生，而舞蹈、护士、语言等专业倾向于女生。具体到家庭制度，则体现在男主外女主内的社会分工、娶妻嫁人的婚姻制度、男性优先的姓氏及技能财产的继承制度。

第四，社会性别是一种文化观念。该论点着重于心理和精神层面，深入地从文化深层反思和解构，将社会性别的构建划分为概括的性别观念、具体的性别观念、性别价值判断、性别文化进入无意识状态四个层面。从最初的《女训》《女学》以及尼采的性别观等学说和理论规范演化到不同的性别分工，再进一步形成直觉的价值判断，直至深入骨髓，让人们感觉不到某些性别观念的存在，但却会无意识地遵从。例如，在儿童视频广告中，男童通常是主体，并且所展现的人物性格更加独立理性、多元丰富，而对于这种形象的打造，广告商通常是无意识的。

三、职业锚理论

1961 年到 1963 年，美国麻省理工学院斯隆管理学院 40 多名毕业生组成研究小组，小组内的成员自愿将个人的职业发展的相关内容作为施恩教授调查研究的内容。施恩教授对组内成员所任职的公司、岗位以及个人信息进行了记录和研究，形成了一套与职业相关的研究理论，并且首次提出了“职业锚”的概念。在施恩教授看来，一个人一生的工作路径是很长的，人生的每个阶段所探索和追求的东西也会不断发生变化。在年轻的时候追寻价值和理想，更愿意选择具有挑战性的工作；但是进入中年之后，背负更多的家庭责任和压力，自身体力也有所下降，此时更愿意选择稳定性强的工作。但是，不论在什么样的境况下，在面对每一次不同的选择中，人总有一部分

① 张宇. 社会性别理论的发展研究[J]. 现代交际，2019(6)：252-253.

东西是不愿意舍弃和放弃的，而这部分东西就称为“职业锚”。根据施恩教授的经验，不愿意被舍弃和放弃的东西往往都是人最看重的东西，可能是实体的物件，也可能只是某种信念感或价值观。初入职场时，每个人对自己的能力、动机、需求尚不清晰，刚开始几年职业锚或许并不清晰，但随着工作经验逐渐丰富，人们对自己所追求和向往的东西会逐渐明朗，此时职业锚会看得更加清晰。简单来说，职业锚就是每个人在职场上的自我定位，这个定位是个人能力、工作动机以及价值观这三个核心指标互相作用后产生的。[①] 三个指标中只要有一个未能被满足，那么职业锚就无法完全清晰。上文提到，职场生涯和人生经历是动态的、变化的，每个人在不同阶段的追求是不同的，所以，职业锚也不是一成不变的，它也会在工作中随着人的认识和经历不断变化和调整。

对“职业锚”概念的理解，涵盖了以下几个方面的内容：①“职业锚”以个人习得的工作经验为基础，发生于早期的职业阶段，新员工只有在工作若干年，积攒下一定的工作经验之后，才能够选定自己稳定的长期贡献区。个人在面临各种各样的实际工作生活情境之前，不可能真切地了解自己的能力、动机和价值观，以及在多大程度上适应可行的职业选择，因此，就产生、演变和发展了“职业锚”。即“职业锚”在某种程度上由个人的实际工作所决定，而不只是取决于潜在的才干和动机。②“职业锚”不是个人根据各种测试出来的能力、需要或工作动机与价值观，而是在工作实践中，根据自我认知和已被证明的能力、动机、需要和价值观，准确地进行职业定位，选择符合自己的职业。③“职业锚”是个人自我发展过程中的动机、需要、价值观、能力相互作用和逐步整合的结果。④“职业锚”是个人职业发展中稳定的职业贡献区和成长区。所以，个人及其职业可能是固定不变的，但是，这并不意味着将停止变化和发展，可以“职业锚”为其稳定源，获得该职业工作的进一步发展以及个人社会生命周期和家庭生命周期的成长、变化。

通过总结分析，施恩教授共提出了以下八大类型的职业锚。

第一型：技术型。技术型又被称为职能型，这类型特征明显——不断追求专业技能上的提升。他们执着于自身的专业技术，喜欢接受专业技术内的挑战，但是对专业以外的事情就不感兴趣。所以，这类人员往往是行业内

---

① 于铁夫. 基于职业锚理论的大学生自主创业动机研究［J］. 就业与保障，2023（12）：136-138.

的尖端人才,却不愿意从事管理类工作,愿意始终奋战在一线岗位,认可他们的技术水平就是对他们最高的赞美。

第二型:管理型。管理型与技术型恰好是相对的,技术型不热衷于管理,而管理型则对管理投入百分百的热情。这一型人员十分愿意将时间投入在职场管理和晋升上,愿意负责管理类工作,想要独立负责一个部门或者一个项目。他们的特点是敢于承担责任,努力向上爬,抓住每一次可能晋升的机会,将自己的成绩与公司的成绩挂钩,将公司的荣辱看成自己职场成绩的一部分。

第三型:独立型。独立型又称为自主型,这一型人员的特点是向往自由,他们想要按照自己的意愿来安排工作节奏和方式,不喜欢被人管束和制约。他们不拘泥于按部就班的工作方式,更愿意在自由的平台上发挥自己的才能。这类人员为了保持这份自由和独立,甚至宁可放弃晋升或高迁的机会,所以这一型人员多数是“自由职业者”。

第四型:稳定型。这一型人员的特征是非常看重安全感,而他们的安全感来源于工资、退休金和福利等。他们踏踏实实完成领导交代的工作,如果有新的机会,但其同时也伴随着未知的挑战,他们可能会放弃这个机会而选择当下更安全的工作环境,寻求稳步发展。

第五型:创业型。与稳定型相对的就是创业型,他们的目标是创建属于自己的工作赛道。这一型人员始终相信机遇与挑战是并存的,虽然可能会面临很大的挑战,但是相应的可能也会获得更大的回报。他们在做职业规划时,最终的赛道必然是自主创业,职业生涯前期他们会在企业工作,积累资源和经验的同时,也是在寻求合适的机会。

第六型:服务型。服务型经常被人忽略,这一型人员的特征是追求被人认可,他们需要在工作中找到被人需要的感觉,这是他们的核心价值。这一型人员往往本身的性格就是“热心肠”,在日常生活中他们就乐于助人,通过帮助和服务他人来获得自我认同感。

第七型:挑战型。这一型人员喜欢挑战那些不可能的事情,其他同事认为无法解决的事情给到他们,他们乐于接受。他们需要新鲜感,如果日复一日重复相同的工作,会感觉到无趣和厌烦。另外,这一型人员也喜欢在职场中寻找旗鼓相当的对手,如果能够战胜竞争对手,也是他们的工作乐趣之一。

第八型:生活型。在生活型人员的眼中认为工作也是生活的一个组成部分，他们希望工作和生活能够互相适应，而不需要完全地区分开来。因此，他们在找工作时会要求工作时间比较有弹性，这样能够适应生活中的许多“不确定”。为了能够寻求生活和职业的平衡与和谐，他们宁愿放弃一些工作上的机会。他们对工作成功的定义不是取得了多少成绩、在什么岗位、赚了多少钱，而是生活幸福感如何，是否达到了自己的期望。

本书概括出了“职业锚”的三个维度，即自我认知的能力、自我认知的需要和自我认知的价值观。本研究将在“职业锚”的这三个维度上将其细分为知识与技能、职业性向、动机与需要、优势与劣势、价值与态度、职业通道、家庭生命周期、职业信息八个维度，作为我们深入理解大学生职业规划发展的工具。

第一，知识与技能。“职业锚”是个人长期的职业贡献区，而个人所具有的知识与技能是确立“职业锚”需首先考虑的因素，因为它表明了个人能够做些什么。[①] 个人所有的知识与能力包括其所学的专业知识、外语水平、计算机能力等与职业密切相关的各种技能，这也是教师专业化过程中的“专业”的内涵。对职业人员来说，不可以好高骛远，也不应该妄自菲薄，要有充分的自信心，正确地理解和评估自己所具有的专业技术、知识和技能，判断能否胜任自己想做的工作，清楚地了解自己的专业知识类型以及所达到的程度，明白自己的知识与技能状况，有助于选择与自己的知识和技能相匹配的职业，从而发挥自己的优势，促进职业的发展。

第二，职业性向。一个人的职业性向是指其性格与兴趣，这是个人在就业时必须考虑的因素。人们通常认为，一个人的个性会影响到职业的适宜度，当其个性与所从事的职业相适宜时，他的才能才得以充分发挥。霍兰德将人的基本性向分为六种：①实际性向。具有这种性向的人会被吸引去从事那些包含体力活动并且需要一定的技巧、力量和协调性的职业，他们在工作中脚踏实地，但很难胜任需要创新的工作。②调研性向。此种性向的人会被吸引去从事那些包含着较多认知活动（思考、组织、理解等）的职业，此类人很喜欢研究新的东西，但在弄清楚之后就不再对此感兴趣，比较适合搞科研。③社会性向。具有这种性向的人会被吸引去从事那些包含着大量人际交往内容的职业。④常规性向。常规性向的人往往喜欢从事那些包含着大量结构性的且规则较为固定的职业，但通常缺少创意。⑤企业性向。具

① 贺琳彦. 大学生职业规划教育中职业锚理论的应用[J]. 现代交际，2020（16）：34–35.

有这种性向的人会被吸引去从事那些包含着大量以影响他人为目的语言活动的职业。⑥艺术性向。这类性向的人会被那些包含着大量自我表现、艺术创造、情感表达以及个性化活动的职业所吸引，他们的思维比较发散，话题经常转换，但很容易对某一事项不感兴趣，具有较强的接受能力。在现实的生活中，我们每一个人都可以在这六种性向形态中找出最适合自己的工作，发挥己长。因此，在择业或做职业的重新选择时，要尽量使自己的性向与职业特性趋于一致。

第三，动机与需要。知识与技能只可以表明一个人能够做些什么工作，而在具体做何种工作时，还要取决于个人的动机与需要。有些人掌握了扎实的专业知识，但发现自己并没有运用这种专业知识的动机，不想去利用它来得到职业上的发展与提升，甚至觉得家庭比职业更重要。所以，人们在进行职业定位时要明确了解自己的需要，找出自己到底想要什么，该选择哪种类型的职业。只有针对个人的需要，才能自觉地改善、发展自身的才干，寻找出自己长期稳定的职业定位，以达到自我满足与补偿。

第四，优势与劣势。我们在进行职业定位时，首先，要明确自己的优势所在。例如：有些人具有比较细心、踏实、循规蹈矩的性格优势；有些人具有能言善道，心灵手巧，感官敏捷，善于交际，善于领导的性格优势；等等。其次，职业人员要选取适合自己的职业方向，确立自己的“职业锚”，发现自己的优势。当然有优势，势必存在弱势，如情绪化、遇到困难就想依赖别人解决的一种惯性等，所以，在确立自己的“职业锚”，选择适合自己的职业定位时，要注意找准并发挥自己优势，发现并回避个人劣势。

第五，价值与态度。一个人的能力是一码事，愿望则是另外一码事。人们想做或想要做的事，不一定与其所胜任或能够做的是相同的事，价值观是我们在做决定时，最直接、最有力的准则。一个人的职业价值观是其价值观在职业选择上的具体体现，它是人们对待职业的一种信念和态度，要确定一个人的职业满意度关键在于其所具有的职业价值观。通常我们所说的职业价值包括四个方面：一是个人对自己所从事的职业的认同和自尊；二是个人对职业的社会价值的肯定；三是个人在职业中得到成长并享受其带来的成就感和满足感；四是良好的人际关系和人脉资源。因此，在进行职业定位时，我们要了解哪些价值是自己认为最重要的，哪些是次重要的，然后去追逐那些我们认为是最重要的核心价值观。

第六，职业通道。职业通道是组织根据业务人员的实际情况，建立起的若干员工职业发展通道(即职系),它可以包括管理、技术或营销,等等。这些通道的建立主要是使具有不同能力素质、不同职业兴趣的员工都可以找到适合自己的上升路径。从职业规划上讲,员工应该早一点了解企业、市场需要什么,了解自己的职业发展通道。无论是专业技术人员,还是管理人员,都能在组织中发现自己的位置及其发展路线。像现在的很多企业都有管理、技术、营销、工程、服务等多种职业发展通道。员工要想让自己的职业具有上升的通道,就应了解不同职系的晋升评估、管理办法以及职系中不同级别与收入的对应关系。只有明确了自己的职业通道,人们才能尽量让自己的职业生涯不会中断,即便暂时离开,在重返工作岗位后仍可在原来的通道上发展、提升。同样,农村教师在进行"职业锚"定位时,也应该考虑自己所感兴趣的职业在该组织内是否有畅通的发展与晋升通道,职业的发展前景如何,该通道是否利于自己才能的施展。

第七,家庭生命周期。家庭生命周期的概念最早是由索罗金(Sorokin)等学者在1931年提出,它用于描述一个家庭从产生、发展、成熟到消亡的整个过程。关于家庭生命周期阶段的划分众说纷纭,诸多学者都进行了有益的探讨,其中最被普遍接受的是格里克(Paul C. Glick)在1947年的一篇论文中提出来的划分方法,即将家庭生命周期划分为形成、扩展、稳定、收缩、空巢、解体六个阶段。在传统家庭观念的影响下,人们在确立自己的"职业锚"时不得不考虑婚姻、家庭及子女对其工作的影响。因为,它们会影响人们的工作精力和个人可支配的时间。现代的职业人员总是要在家庭与事业间进行时间的分配以及多方利益的取舍,而取舍的标准就在于你能否在家庭和工作之间达到自身平衡,只要达到自身和家人的预期,让家庭的成员生活开心,就是对自己合适的模式。农村教师的"职业锚"不仅仅是对自己的职业定位,也是对其家庭与子女的一个规划,因此,在进行职业定位时还应该将婚姻、家庭,以及小孩的因素纳入考虑的范围。

第八,职业信息。人们在确立"职业锚",寻求职业发展时,要尽量搜集自己感兴趣的职业信息,全方位了解该职业的情况。职业信息一方面包括职业本身的特点、所需要的能力、具体做哪些工作、工资待遇和发展前景等;另一方面包括职业所在的公司氛围、规模、行业内的优势等。高校大学生要结合自己的个性和能力,寻求两者的切合点,选择适合的职业岗位,这一前提是充分理解职业的有关信息。

“职业锚”理论对高校毕业生的职业生涯规划有什么帮助？首先，它能够帮助每个学生对自我有更加清晰地认识。在“职业锚”的八大类型中，几乎每个人都可以将自己的气质、特长和喜好进行匹配对应，大致明白自己属于哪一型。因为有些职业锚是对立的，在同一时间内属于这一型就不可能又属于另一型。比如，技术型和管理型是相对立的，稳定型和创业型是相对立的。比如一个人觉得自己的性格沉稳内敛，从小到大自己都是按部就班地学习，并且自己在这种环境中觉得非常的舒适，既不会厌烦也不会觉得枯燥，那么其“职业锚”可能就属于稳定型，安全感强的工作环境更适合他。其次，能够帮助学生确定自己的职业目标。有些学生发现自己的职业规划非常模糊，也不知道自己是属于哪一型“职业锚”，更别提确定职业目标了。那么，这部分学生就可以借助“职业锚”理论，通过一系列专业的测试，先确定自己的“职业锚”，在此基础上再寻找自己的职业目标。最后，提早做好规划。有些学生对职业规划很有想法，在大学阶段就已经了解了自己的“职业锚”，并且对未来的职业规划已经有了初步的想法。那么，就可以通过自己的“职业锚”找到相对适合的职业方向，提早做好准备，比如可以参加一些针对性的培训和社会实践等。

四、人—职匹配理论

人—职匹配理论由帕森斯（Frank Parsons）教授提出，是在第二次工业革命背景下萌发的。当时许多工作开始转向机械化，劳动力市场发生了很大的变化，不少手工岗位被机器替代，市场上出现了一大批下岗工人，出现了供过于求的现象；另外，市场上又出现了一批更加精细化的岗位，而这些岗位又供不应求。在这种双重矛盾的市场情况下，教育界意识到为学生提前做职业规划势在必行。恰好当时欧美国家的心理测试运动飞速发展，也被应用到职业规划领域中。到20世纪初期，职业规划在发达国家已经初见成效，人—职匹配理论形成。“人”指的是个体，具体来说指的是个体的特征；“职”指的是“职业”。这个理论的核心思想是在进行职业规划时个体特征应该与职业特征相匹配。[①] 帕森斯教授认为个体在选择职业时应该先明确以下几个因素：①要了解自己的兴趣、特长、能力、智谋等这些基本特征，简而

① 樊翔.基于“人职匹配”理论提升高校大学生就业能力的研究[J].国际公关，2022(19):101-103.

言之,要对自身有个基础认识,不可过于高估或低估自己的能力;②能够获得职业成功的外部条件和内部条件,以及不同领域需要具备的专业知识。每个人都有选择与自己能力、特征高度匹配职位的机会,前提是要对自身条件有客观的认识,并对职位做出理性分析,最终选择合适的职业。如果人—职匹配度高,那么获得职业成功的概率也会大大提升。

人—职匹配理论提出后,学者们对它的研究就一直没有停止。追溯整个历程,人—职匹配理论大致可以分为以下两个流派。

第一,以美国学者弗兰克·帕森斯为代表的特性—因素匹配理论。这个理论有以下几个前提:①承认个体的特异性。每个个体都是不同的,世界上不可能找到两个长相完全一样的人,同样的,也不可能找到两个能力、特征完全相同的人。作为独特的个体,每个人身上都会有独特的能力,且许多能力是可以被观察到的。②承认职业能力的独特性。每个职业所要求具备的能力也是不同的,而个体能力和职业能力之间存在对应关系。③每个人都有选择职业的自由。个体所展现出来的能力与职业能力越接近,与该职业的匹配度就越高,在实际工作中可能效率就越高。在特性—因素匹配理论下,进行职业选择应遵循三个步骤。第一步,评价。通过专业的心理测试对个体特征进行测试。这里的心理测试必须有一定的专业性,因为所包含的特征很广,除了身高、体重、健康状况等生理因素之外,还包含了兴趣、经验、理想、性格等心理因素,同时还涉及家庭背景等不可改变的客观因素。第二步,分析。换言之,就是通过各种渠道掌握职位信息,所以这里的分析指的是对职位的分析。求职者比较关心的是职位的薪资、工作环境、发展前景等,这就是排在第一位需要分析的内容,这也是相对来说比较容易得到的信息。相应地,不同职位对求职者也有不同的要求,比如学历、年龄、工作时间、工作经验、专业技能等,此时要做的是分析职位的最低要求。最后,要了解职位的加分项。如果求职者具备哪些特征对这个职位而言是加分的呢?比如,教育经历、获得证书、所获奖项等。另外,有些职位需要经过培训才能入职的,那么培训需要花费的时间、费用等各项成本,也都是需要掌握的信息。第三步,匹配。在第二次工业革命之后,美国市场上出现了一种新兴职业——职业指导。当时求职人士和企业信息不对等,无法及时互通,许多待岗人士对自己未来的职业规划非常迷茫,职业指导就在这样的背景下应运而生了。"匹配"这一步骤就需要职业指导专业人士介入,职业指导在了解了求职者的基本信息、特征和能力之后,对求职者感兴趣的工作进行逐一分析，理性探讨求职者与岗位的适配度以及可能取得职业成功的可能性，为求职者提供全面、客观的分析。

第二，以约翰·霍兰德（John Holland）为代表的人格—职业匹配理论。霍兰德在帕森斯的理论基础上，又历经了几十年记录和研究，首次提出将人格分为六大类型。第一型：现实型。现实型人格特征是情绪相对内敛，做事有耐心，因此他们相对来说更喜欢独立工作，做事保守，喜欢从事技术性、操作性强的工作。第二型：研究型。研究型人格特征是善于思考，逻辑性强，喜欢探索未知的领域，因此他们喜欢从事与研究相关的工作，例如科研、教师、实验室等领域，但他们的管理能力相对要弱一些。第三型：艺术型。艺术型人格特征是具有很强的创造力，做事理想化，并且情感充沛，他们工作的目的是实现自我价值，因此他们更愿意从事艺术相关的工作，音乐类、文学类相关的工作是他们的首选。第四型：社会型。社会型人格特征是善于社交和沟通，具有敏锐的观察能力，他们很乐于与人打交道，通过帮助别人收获自我价值，因此他们通常从事服务型工作，比如信息咨询、心理咨询、培训等等。第五型：企业型。企业型人格特征是具有很强的拼搏精神，他们有抱负有野心，并且做事之前会进行价值衡量。他们愿意从事主导类的工作，能够掌握话语权和主动权，比如律师、法官、政治家、职业经理人等。第六型：传统型。传统型人格特征是保守、谨慎，做事有计划，他们寻求安稳的生活环境，更习惯听指挥办事。他们工作有条理且又有自己的原则，因此更愿意从事文字、数据相关的工作，银行、会计、秘书、图书管理员、统计等都符合他们的职业选择。霍兰德将人格分为六个大类，但是每种人格之间又有着一定关系，关系可以细分为三种：相近型、中性型和相斥型。每一种类型的人格，都有其他类型的人格保持这三种关系。以传统型为例，它与现实型和企业型是相近关系，与研究型和社会性是中性关系，而与艺术型则完全是相斥关系。

五、舒伯的生涯发展理论

如果说人—职匹配理论是将目光放在个体和职位的匹配度上，那么舒伯的生涯发展理论是将目光集中在“自我”上。舒伯认为职业生涯是一个动态发展的过程，不要仅仅只是将眼光聚焦在短暂的职业选择上，而应该要以发展的眼光来看待未来的整个职业生涯。[①] 20 世纪 50 年代,舒伯第一次提出了“自我概念”这个论点,而他的一生都致力于研究自我概念。舒伯认为一个人成长到儿童时期,自我概念就开始形成,可能最开始只是身体对外界环境最基础的感知,比如感觉到寒冷、饥饿等。待进入青春期后,自我概念开始逐步完善,这个时期开始有了兴趣、性格特征、能力特征相关的认知。成年之后,自我概念完全成熟,进入职场之后逐步转变为职业生涯概念,在职场中一个人是否感觉到自我价值实现,这与其职场满意度是直接相关的。简单来说,舒伯提出的自我概念是一个人对自身气质、兴趣、爱好、能力特征以及性格特征的综合评价,也是在成长中自我构建的过程。舒伯对生涯发展理论的研究提出了以下几个重要概念。

第一,生涯成熟度。生涯成熟度是在 1955 年由舒伯(Donald E. Super)首次提出,之后学者们发现这个说法更为贴切,于是替换了“职业成熟度”一词。由于我国对职业规划的相关研究开始比较晚,所以在不少研究中仍然可以看到“职业成熟度”的表述,其实与“生涯成熟度”是相同的概念。舒伯将生涯成熟分为三个部分:职业类别偏好、生涯发展认知以及生涯发展态度。生涯发展认知分为职业市场信息和生涯决策两个部分,生涯发展态度分为生涯探索和生涯规划两个部分。顾名思义,生涯探索是指一个人是否愿意通过各种各样的手段去获得自己想要的职业信息。比如,同样一个岗位,有些人的职业信息来源是各个招聘网站,而有些人除了从招聘网站上了解之外,还会到企业官网上了解信息,甚至还会通过家人、朋友、社交平台等多种渠道了解。生涯规划是指个人对职业信息和职业资源的处理能力,通过各个渠道了解到职业信息之后,对于这些信息做出的反应和规划。生涯决策是考察个体在了解信息、做好规划之后,做出决策的能力。职业市场信息的侧重点是考察个体对有用信息的筛选,比如决定了解某个职位后可能会收到来自四面八方的信息,那么如何在大量的信息中提取出有效真实的信息,掌握职业环境这就是关键。

第二,拱门模式。20 世纪 90 年代,舒伯对生涯发展理论进行了完善,提出了一个新的概念——拱门模式。众所周知,拱门之所以能够牢牢立住,两个基石起着至关重要的作用。舒伯提出在职业道路上,个体也有两个重要

---

① 王默忠. 舒伯的生涯发展理论与人的素质培养[J]. 琼州学院学报,2011,18(3):43-45.

的基石:生理和地理。所谓生理基石是指个体先天就带有的,或者是从父母那边遗传过来的,包括价值、兴趣、性向等六大因素;而地理基石是指后天大环境形成的,不是由个体自主能够决定的,包括社会、经济、家庭、学校等六个范畴。生理基石不断向上延展,最终形成了个体的人格,地理基石不断向上延展,最终形成了社会性政策。人格会影响个体取得的职业成就,社会性政策会影响整个大环境的就业情况,而最终将两边基石连接起来的是发展和自我构建。

第三,五阶段理论。舒伯将个体生涯分为五个阶段,按照年龄依次是成长阶段、探索阶段、建立阶段、维持阶段和衰退阶段。0 ~ 14 岁是成长阶段,具体又可以细分为幻想期(4 ~ 10 岁)、兴趣期(11 ~ 12 岁)和能力期(13 ~ 14 岁)。成长阶段的主要任务是通过家庭和学校的学习,对世界建立初步认识,形成自我的初步概念,学会表达自己的需求,发展兴趣和能力特征。15 ~ 24 岁是探索阶段,具体又可以细分为试探期(15 ~ 17 岁)、过渡期(18 ~ 21 岁)和试验—初步承诺期(22 ~ 24 岁)。这个阶段的主要任务还是学习,但同时需要开始探索自己的职业偏好和职业方向。探索阶段自我概念已经形成,在了解自己的职业偏好后,开始做对应的规划并且寻求机会。25 ~ 44 岁是建立阶段,具体又可以细分为投入—承诺稳定期(25 ~ 30 岁)和晋升期(31 ~ 44 岁)。经过了探索阶段,在建立阶段个体基本上已经找到了自己的职业重心,并且开始在自己所喜爱的领域深耕,这个阶段除了要追求安定发展,还要积极努力地晋升。建立阶段是个体工作的黄金时期,也是能够施展抱负、实现自我价值的最佳时期。45 ~ 64 岁是维持阶段,顾名思义,这个阶段的重心是维持自己在职场上的成绩和地位,避免在新的挑战中被淘汰。65 岁之后是衰退阶段,具体又可以细分为退休期(65 ~ 70 岁)和隐退期(70 岁之后)。此时由于身体机能退化,身体不可避免会出现各种问题,需要慢慢将重心转移,减少工作时间,开始享受退休时光,培养新的兴趣爱好,并且适应离开职场后的新身份。

第四,循环理论。舒伯在提出了生涯发展五阶段理论后,又在此基础上提出了新的概念。舒伯认为五个阶段是互相关联的,并且每一个阶段的成效会直接影响下一个阶段的发展。如果一个人每个阶段的任务都完成得很好,那么取得职业成功的概率就越大。此外,五个阶段中两个相邻的阶段在某个时间内是可能会重合的,这个重合的阶段称为转型期。转型期没有特定的时间和年龄,在任何一个年龄段都有可能出现,并且转型期是至关重要的,它既是上个阶段的结束,又是开启下个阶段的钥匙。舒伯认为,若是对五个阶段进行细分,其实在每个阶段里也都经历了成长—探索—建立—维持—衰退这个全过程。因此,个体经历五个阶段就像是经历了一个大循环一样,而在每个阶段内,每次在迎接转型期之前,个体还会经历阶段内的小循环。以 13 ~25 岁的一名学生为例,按照五阶段理论,这个时期内的学生经历了成长期和探索期两个阶段。在学校生活期间,学生慢慢适应学习生活,初步形成自我概念,找到自己的兴趣并且发展自我能力。慢慢地,根据自己的兴趣和能力,学生会接触并参与社团活动中,开始接触各式各样的社会实践。此时,学生开始进入了探索阶段,他针对自己目前所获得的"机会"开始逐步探究。学生会寻找自己感兴趣的领域,并且扮演自己喜欢的角色,慢慢过渡到建立阶段。如果刚开始是在自己不喜欢的领域,就会立即调整,直到找到自己舒适的职业领域,之后便进入了维持阶段,在很长的一段时间内可能都不会再发生改变。在即将毕业离开学校之前会转移重心,此时会将目光聚焦在自己未来的职业发展上,因此社团生活进入了衰退期,慢慢退出社团活动。至此,学生时代社团活动的循环周期就此结束,但对于正式求职这件事情开始进入了成长期,开始了新一轮的周期循环。

第五,生涯彩虹图。在五阶段和循环理论的基础上,舒伯又提出了生涯彩虹图的概念。这是将个体的一生分为横向和纵向两个维度,横向是个体一生所经历的五个阶段,而纵向是人在不同阶段扮演的不同角色,包括子女、学生、休闲者、公民、工作者和持家者。在这个理论下,用颜色的深浅度表明在不同时间内所扮演角色投入的情感多少,颜色越深表示投入的情感越多,在这个阶段内所扮演的这个角色越突出。仍旧以 13 ~25 岁的学生为例,在这个时间段内所扮演的角色包括子女、学生、休闲者、公民和工作者。子女的颜色逐渐变淡,意味着个体的自我概念逐渐完善,自我意识越来越强;学生的颜色由深慢慢变淡,大学毕业后离开校园就摆脱了学生的身份;休闲者和公民的颜色变化不算太明显;工作者的颜色刚刚出现,并且比较淡,这是因为刚刚开始步入职场,因此颜色很浅,后期进入建立阶段后,工作者角色的颜色会逐步加深。

第三节　大学生职业规划发展的积极意义

一、有助于帮助大学生了解自身职业特点与优势

俗话说“知己知彼，百战不殆”，想要找到适合自己的职业，首先必须对自我有清晰、全面、客观的认识。但是很多人活了一辈子，到年老的时候都还看不清自己，所以“认识自己”是一句听起来容易，做起来困难的事情。

高校开展大学生职业规划相关计划，更多时候是在帮助学生了解自己，帮助学生在社会上找到适合自己的位置。我有哪些优点？我的核心优势是什么？我的缺点是什么？我在工作中真正想得到的东西是什么？这些都是很常见的问题，但却并不是每个人都能够在短时间回答得上来。因此，通过一系列的专业心理测试，通过培训、座谈、学习、观察、分享，让学生更清楚地知道自己的性格特征、能力特征、爱好、喜恶，甚至是底线，这些对于未来的工作选择以及确定就业方向和目标，都有着实质性的帮助。比如一位学生通过测试发现自己属于“技术型”人格，那么要求他从事管理岗就不是正确的选择，因为他的性格特征决定了他更愿意接受技术工种的挑战，但是不愿意将心思花费在管理和晋升上。

根据过往的调查数据显示，很多学生都临近毕业了仍然会发出不少疑问，这些疑问有一些是针对自己的，比如“我到底喜欢什么样的工作?”“我到底能不能胜任这样的工作?”“工作对于我的意义到底是什么?”还有些疑问是针对专业和工作的，比如“我到底喜不喜欢自己读的这个专业?”“我读的专业将来从事哪些工作才是对口的?”“我的专业到底好不好找工作，就业率高不高?”……教师在访谈中发现，“不知道”“好不好”“不太懂”“能不能”这些词汇出现的频率异常高，这说明许多学生对自我、专业以及工作方向都是相当迷茫的。若没有职业规划相关的计划课程，可能很多学生直至毕业也没有机会对自我进行一个全面的剖析，会带着这些疑问迷茫地踏入社会。因此，大学生职业规划发展给学生一个全面认识自我的机会，让每个学生正视自我，了解自己身上的优点和缺点，了解自己的职业特征。通过职业规划学生能够感受到自我探索的意义，明白自己的能力特征，同时也学会接纳自己的生理极限和能力极限，从而找到自己最舒适的领域以及最合适的岗位。

如果没有职业规划，许多学生的试错成本要大大提高，稀里糊涂地进入职场后，要通过一次次的亲身试验找到自己的“喜欢”和“不喜欢”。通过几年的尝试，能够最终找到自己喜欢的工作，那还算是幸运的人，很多人不断更换工作，只是知道了自己不喜欢什么样的工作，却一直无法找到自己到底喜欢什么样的工作。

大学职业规划的另一个核心目标是要帮助学生树立正确的事业观。每个即将踏出校园的学生都希望把自己的生命和精力献给有价值的事业。那么，究竟什么才是有价值的事业？一定要做出轰轰烈烈的成绩，才算有价值吗？一定从政、从商，或者在工作领域到达巅峰，才算成功吗？显然不是。芸芸众生，平凡是常态，所谓的“巅峰”是少数。绝大多数人走向职场后可能都是平凡人、普通人，但平凡并不代表着平庸，平凡人也可以在自己的职位上画出绚丽的彩虹。另外，奋斗目标是动态的，并非永远不变的。可能有些学生在毕业之际已经规划了自己一生的奋斗方向，并且做好了阶段性规划，但是工作几年后，随着自己的人生经验不断丰富，发现奋斗方向出现了改变。此时，千万不要怀疑自己，也不要自我否定，因为这是一个很正常的现象，事业是毕生的功课，出现阶段性调整并不奇怪。而这些，就是大学职业规划发展教师需要教给学生的功课。因此，在大学阶段帮助学生树立正确的事业观是非常重要且必要的，明确工作的意义和价值，避免进入职场后因为落差而不断自我内耗。

二、有助于提高大学生的社会竞争力

很多年前，在毕业生中就流传着这样一句话：毕业就意味着失业。虽然这句话有调侃的成分，但是也从侧面反映了近几年毕业生就业的困难。为什么会出现这样的情况？每一位大学生都是经历了十几年的学校教育走向社会，为何还没有发挥价值就直接被阻拦在了社会的“大门”之外？这其中固然存在诸多的客观因素，但大学生自身的能力暂时无法适应社会需求，这也是不可逃避的重要原因。因此，大学生职业规划的另外一个重要任务是要在大学阶段帮助学生提升自我竞争力，帮助学生挖掘自身优势。提升竞争力主要从以下几个方面入手。

第一，专业技能。专业知识和专业技能是职业选择的重要依据，也是求职者的底气。然而，在过往的调查数据中显示，很多学生对自己的专业前景并不了解。高考在报考志愿时，怀着一腔热血按照自己的喜好填报了志愿，上了大学之后才发现原来这个专业根本就不是自己所想的那样。虽然四年大学课程上完了,但依然没办法说清楚自己的专业到底是干什么的。这种情况绝对不是个例,而是非常普遍的现象,因此学校和教师迫切需要对其进行职业规划,为学生们拨开迷雾,指明方向,通过几年的学习,帮助学生找到自己感兴趣的从业方向,及早做好准备。比如,成都高校的一名电子商务专业学生对职业选择非常迷茫,于是主动寻求教师的帮助。在与教师多次沟通后,教师发现这名学生性格沉稳、内敛,虽然话不算多,但是很有想法。学生的性格不适合做管理,他本人也对管理团队没什么兴趣,但对后期制作和剪辑却很感兴趣。后期制作的工作比较枯燥,需要耐住性子,正好符合这名学生的性格特征。于是,教师就鼓励这名学生往后期制作和剪辑方向发展,让学生在课余时间多进行这方面的学习,同时也建议这名学生平时可以参加一些剪辑类的投稿和比赛,为自己积累经验和名气。事实证明,教师的建议方向非常适合这名学生,在大学毕业后这名学生凭借着多个优秀的剪辑作品,很快就找到了心仪的工作。

第二,非专业技能。专业技能固然重要,但是想要长久地在职场上立足,非专业技能也是非常重要的。比如,实践能力、沟通协作能力、创新思维、自我管理、求职心态等。在没有正式踏入职场之前,学生接触企业的机会就是社会实践和各类创业大赛,这不仅能够让学生将大学所学到的理论知识运用到实际工作中,还能够帮助学生提前适应职场生活,更重要的是实践经历会成为学生求职简历上出彩又有竞争力的一笔。在职场上,想要通过单打独斗取得成绩太过困难,所以团队协作也是大学阶段必须学会的。在心态上,除了上文提到的要帮助学生树立正确的事业观之外,还要帮助学生客观认识目前的就业环境。近几年,整个就业市场环境不容乐观,企业裁员、缩编这是不争的事实,但这并不意味着普通人就找不到工作了。很多学生找不到工作就把原因归咎为"市场大环境不好",但却没有从自己身上找原因。诚然,现在的市场环境竞争激烈,但是学生在求职失败时必须正面面对求职失败的原因。因此,培养学生职业规划能力的一个重要课程,是帮助学生客观分析就业市场,理性对待自己的求职道路。不要因为一两次的求职失败而否定自己,但同时也不要盲目自信,学会用动态的眼光和心态来看待就业环境。如果说专业技能是一个人的"硬"实力,那么心态就是"软"实力。求职者不卑不亢的态度,能够在面试场上为自己大大加分,而不卑不亢的背后是实力、自信和乐观,是良好的求职心态,这种状态是没有办法伪装出来的。因此，在整个大学阶段，教师需要不断地做相关宣导和培训，提升学生的心理素质。

三、有助于推动人才市场的合理配置

随着互联网高速发展，近几年市场上出现了许多新兴企业，随之而来的是一批新兴岗位。市场结构发生了调整，用工需求自然而然也发生了改变，相应地，对人才的质量和需求也做出了相应的变化。但是，我国的教育仍然是以应试教育为主，虽然出现了应用型高校，但是对人才的教育仍然存在一定的滞后性。所以长期以来，我国的人才教育与市场需求是错位的，人才市场的配置并不合理。比如，很多旧行业已经面临着淘汰，但是与之相关的专业并没有缩减，反而每年还在不停地招生；相反的，新兴起的行业，许多岗位空缺，但是学校未能及时开设相关的专业，如现在大热的直播行业、自媒体行业等。这就导致学生四年辛苦学习，毕业后走向社会，发现自己的专业与社会的需求是不对等的，是错位的。高校专业开设问题无法在短时间内解决，而学生的专业选择已经成为既定事实，因此高校职业规划就显得尤为重要，要在既定事实的情况下做出有效调整，让自己成为市场所需的人才。

没有经过专业的辅导，不少学生和家长对职位的认识是片面的，甚至存在误解。家长追求稳定、福利好的岗位，而学生希望自己能够找到"钱多事少离家近"的工作，还有些学生希望能够毕业后到发展好的地区工作，到大企业的高档写字楼里办公，认为这样的工作才是体面的。而经济发展相对落后的城市，即便有更好的工作机会，可能他们也不愿意去尝试。不少技术型岗位需要下到一线，但在父母眼中认为这些工作太累且没有面子，这些岗位是"低端"且没有前途的。这种老旧式的择业理念，同样激化了就业矛盾，导致很长一段时间内市场人才配置偏离正轨。如果所有的学生都往"稳定+高福利"的岗位上挤，这些岗位的竞争压力飙升，而其他岗位则一直虚位以待，这不利于未来市场人才配置。因此，树立正确的择业观的第一步，就是要从这些择业误区内走出来。另外，如果所有的人都追求稳定，不愿意冒险，那么创业人数势必会大幅度下降。现在，国家对于自主创业的帮扶政策很多，鼓励大学生毕业创业。因此，大学职业规划还承担着这方面的重任，向学生传输正确的择业观，打开学生的择业方向，这对推动人才市场的合理配置也能起到积极正向的作用。

具体来看，一方面，对大学生进行职业生涯规划，对于提高学生个体的能力与素质具有普遍的意义。大学生的职业生涯规划，满足社会经济建设的需要，同时，对学生进行职业生涯规划促进了学生职业和个人能力匹配，更易做到人尽其才，节约了社会人力资本。另一方面，由于职业生涯规划提高了学生的就业竞争力，并通过职业生涯的教育，学生的就业观念更为现实，就业手段更为丰富，这些将大大促进就业率的提高，有力地缓解了社会就业问题的压力，促进了社会的稳定与和谐。同时，社会人力资源合理的配置可以创造出更多的社会价值。大学毕业生是社会劳动力的组成部分，并且是高素质的人力资源，祖国建设和社会发展离不开当代大学生。职业生涯规划是帮助就业者了解自己和职业、从事职业定向以及选择职业的过程。它也是帮助人们在职业生涯中寻求发展获得成功的过程，通过职业生涯规划，可以促进人力资源的开发和社会人才合理的配置。

四、有助于实现大学生个性化发展

实现大学生个性化发展，是站在学校及社会的角度来看待的。虽然不少高校都已意识到职业规划的重要性，但是在实际的教学指导过程中仍然存在不少问题，在执行中还存在很多困难。大多数高校仍然是以课堂宣讲为主，教学模式太过笼统且老旧，很难实现学生的个性化发展，这不仅会影响学生的职业探索和职业选择，长此以往对高校的人才培养也十分不利。全面做好职业规划发展，引入专业的人才，才能够针对每个高校的情况制订个性化方案。具体来说，同是高校，传统学术型高校与应用型高校对人才的培养方向是有所不同的，应用型高校和地方应用型高校在人才培养上也不会完全相同。比如，在设置专业课程时地方应用型高校会结合当地经济发展的实际情况，考虑哪一类人才是市场稀缺的，因此在培养方向上与普通高校必然存在差异。高校中引入专业的职业规划人才，能够对学生、家长、学校、社会的需求进行综合评估，并提出科学、客观的人才培养计划，这些都对高校目标制定和执行有着积极的推动作用。①

许多学生和家长对当前社会的就业环境认识失之偏颇，对很多就业政策和就业信息的接受是存在滞后性的。客观来说，大部分家长的学生对当前的就业形势并不明朗，他们无法第一时间掌握就业信息。尤其是学生，十

① 汪翠翠. 以大数据为支撑的大学生职业规划系统构建与优化[J]. 国际公关，2023(24)：185-187.

多年应试教育让他们养成了被动接收信息的习惯,他们不会主动去寻求信息,而是被动地等着学校、教师来告知他们。在调查中发现,许多学生都将国企或央企作为自己的第一选择,但很多人连报名通道在哪里都不知道。他们都是等待着他人向自己传递信息,几乎没有想过如何主动去获取信息。这种现象不算罕见,想要改变也不是三两天就能实现的,在这种情况下高校职业规划发展就显得尤为重要,不仅能够及时带来信息和资源,还能够帮助搭建学生、学校和企业三方之间的桥梁。高校的职业规划扮演着两个重要角色:一是信息的提供者,为学生和家长及时提供有效信息,弥补信息接受滞后这一缺陷;二是需求的评估者,可以作为一个专业且客观的第三方,评估用人单位提出的要求是否合理,并且总结用人单位的需求,了解社会所需要人才的画像。作为一所地方应用型高校,如果不能第一时间了解当地经济发展需要什么样的人才,那么很可能就是按照过去的"经验",大学毕业后的学生"千篇一律",看不出与传统学术型高校培养的学生有什么本质上的差别,更不必谈"个性化"了。因此,现在不少高校很愿意与当地企业开展校企合作,并且合作的形式多种多样,除了具体岗位的社会实践之外,近几年还增加了各式各样的创业比赛。这都是为了能够进一步了解企业的需求,让学生更早一步接触工作,帮助学生查缺补漏,在大学阶段就能做好目标设定和时间管理,为自己的职业选择和规划做铺垫。

第二章

国外高校学生职业规划的成功经验

根据中国教育在线网站(www.eol.cn)的相关统计数据:自2014年以来,全国高校毕业生数量呈现逐年增长态势。高校年毕业人数,从700万人迈上800万人的台阶用了4年时间,从800万人迈上900万人的台阶用了3年时间,从900万人迈上1000万人的台阶只用了1年时间。随着我国高等教育模式向大众教育的演变,毕业生就业难成为社会关切的焦点和难题。大规模的高校扩招导致专业设置与市场需求脱节,学生质量下滑,以及职业生涯定位不明确等问题纷至沓来,给大学生找工作带来了困扰。鉴于这些原因,有必要加强对大学生的职业生涯规划教育。在国外,高校普遍注重职业生涯规划教育。他们通过开展职业生涯咨询、课程设计、工作实习和社交活动等方式,帮助学生了解自己的职业意愿和个人优势,明确职业方向。例如,美国的大学生涯规划中心会提供各种职业发展课程、研讨会和职业咨询服务,澳大利亚的大学也会为学生提供职业咨询和工作实习的机会。相比之下,国内高校在职业生涯规划方面还有很大的提升空间,很多学校甚至没有专门的职业生涯规划咨询中心。因此,我们需要提高职业生涯规划的教育和服务质量,提升学生的职业素养和竞争力。本书旨在通过汲取国外职业生涯规划的成功经验,提出具体的改进对策和设想,以期解决我国高校毕业生就业面临的诸多挑战。

第一节　美国高校学生职业规划

一、背景介绍

(一)美国高校教育体系概览

美国高校教育体系的多元性和灵活性在全球范围内独树一帜。让我们深入探讨这个引领世界潮流的教育体系,通过一些具体数据来更清晰地呈现其特色。

1. 多元的学校类型

截至2022年,美国有超过4000所高等教育机构,其中包括大学、学院和社区学院。这些机构覆盖了几乎所有学科领域,提供了丰富的专业选择。例如,根据美国教育部的数据,美国拥有以下几类学校:①四年制公立大学。这些大学由州政府控制,并向符合要求的州居民提供低廉的学费。50个州中的每个州都至少有一所公立大学,总数约为700所。例如加州大学伯克利分校、密歇根大学安娜堡分校等。②四年制私立大学。这些大学由私人组织或宗教组织控制,并且学费通常比公立大学昂贵。美国境内有超过1700所私立大学。例如哈佛大学、普林斯顿大学等。③社区大学。这些大学通常提供为期两年的职业或技术培训和教育,通常较为实用,并且可以将学分转移到四年制大学。美国境内有近1000所社区大学。例如圣塔莫尼卡学院、休斯敦社区学院等。④职业技术学院。这些大学主要提供职业培训和实践技能,如烹饪、美容、建筑、汽车修理等。美国境内有数百所职业技术学院。例如迈阿密戴德职业技术学院、纽约医学中心技术学院等。另外还有一些专门针对特定领域的大学,例如艺术学院、音乐学院等。

2. 灵活的学制

美国高校普遍采用学分制度,这意味着学生通过修读一定数量的学分来完成学业,这一制度的优势在于,它给予学生更大的自主权,使他们能够根据个体兴趣和职业目标自由选择课程。[①] 根据美国教育部的数据,截至2022年,美国大学的本科学费平均为每年1.5万~3.5万美元,研究生平均学费为每年2.5万~4.5万美元。这一制度的经济性和灵活性鼓励学生更好地探索和发展自己的专业领域。通过了解这些具体的费用数据,我们可以更好地理解学生在选择课程时所面临的实际经济压力。这也突显了美国高校在提供广泛选择的同时,也关注学费的经济可及性。另外,平均每个高校学生修读30~36个学分,这确保了他们在不同领域都有所涉猎。这个范围内的学分量既允许学生在自己的主修领域深入学习,又为他们提供了机会在其他领域获取基础知识。这种全面性的教育使学生更具综合能力,有助于他们更好地适应多元化和不断变化的职业环境。

---

① 吴婷,连树青,李晓波. 美国高校职业生涯规划教育研究[J]. 中国成人教育,2017(15):111-113.

3. 强调实践经验

实践经验在美国高校教育中占有重要地位。美国大学协会统计数据显示，截至2022年，美国大学生中有70%以上参与过至少一次校外实习或职业实践项目。这种实践经验不仅有助于学生将理论知识应用于实际工作中，还使他们在职场上更具竞争力。

4. 全面的教育支持

美国高校设有职业指导中心、学业辅导服务等机构，为学生提供全方位支持。根据美国大学协会的统计，截至2021年，每所大学平均有30名专职职业指导人员，为学生提供个性化的职业规划服务。这种支持确保学生在学业和职业方面都能得到充分的指导。

5. 校际合作与创新

美国高校之间以及与产业界的合作十分密切。根据美国高等教育协会的报告，截至2022年，有80%的大学都与企业或其他研究机构有合作关系。这种合作形式包括共同研究项目、实习机会和专业讲座等，为学生提供了更多实际应用的机会。

在这个多元而灵活的高校教育体系中，学生不仅有机会深入研究自己的专业领域，还被鼓励探索其他学科，拓宽个人视野。这种灵活性和开放性为学生的职业规划提供了广阔的空间，使他们能够在校园中逐步构建自己的职业路径。美国高校教育体系的这些特点，通过具体的数据呈现，为学生职业规划的成功提供了坚实的基础。

（二）就业市场及趋势

表3-1　美国高校部分专业的就业市场及趋势

专业	职业中期平均收入（美元）	预计就业增长率
医师助理学	97 000	30%
计算机科学	109 000	22.3%
电气工程	121 000	17.7%
数学	91 500	24.7%
信息系统	95 500	23.3%
物理学	114 000	20.3%

续表 3-1

专业	职业中期平均收入(美元)	预计就业增长率
职业疗法	79 200	33%
健康医疗管理	87 800	22%
护理	85 900	21.7%
经济学	115 000	14.3%

资料来源:美国劳工统计局统计数据。

美国高校学生职业规划的成功源于对就业市场及趋势深刻的洞察。通过具体的数据(截至 2024 年 2 月)和深入的阐述,我们能更清晰地理解美国高校学生职业规划中就业市场的复杂性和变化趋势(见表 3-1)。根据美国劳工统计局(Bureau of Labor Statistics)的数据,截至 2024 年,美国的就业市场呈现出多元化的特点。各行各业都有自己的增长领域和就业机会,包括但不限于科技、医疗、金融、制造等。这表明学生在职业规划中需要深入了解不同行业的就业市场,选择更符合个人兴趣和发展方向的领域。数据显示,截至 2023 年,美国科技行业的就业增长率高于其他行业。科技行业的技术革新和数字化转型带动了对技术人才的需求不断增加。因此,许多美国高校将重点放在培养学生在科技领域的专业技能上,以适应这一市场就业趋势。据美国全国学生就业调查数据,实践经验对于毕业生找到理想工作至关重要。数据显示,有实习经验的学生更容易获得录用,并且相较于没有实习经验的同龄人,其薪资水平更高。这使得美国高校在职业规划中更加注重为学生提供实践机会,确保他们具备实际工作所需的技能和经验。按照美国创业精神基金会的报告,创业和创新在美国就业市场中占据重要地位。截至 2022 年,创业公司在美国的就业人数已经占到总就业人数的 20%。因此,美国高校积极鼓励学生培养创新精神,提供创业支持和资源,以满足学生追求创业方向的需求。近年来,社会责任感成为美国公司招聘中的一个重要因素。根据美国《财富》杂志发布的“全球最受尊敬的公司”排行榜,很多公司将社会责任视为重要的价值观。这一趋势影响着美国高校职业规划的方向,使其更加注重培养学生的社会责任感,引导他们在职业发展中积极参与社会公益活动。

通过深入挖掘这些具体数据,我们不仅更全面地了解了美国高校学生职业规划中的就业市场及趋势，同时也看到了高校如何根据实际情况灵活调整职业规划策略，以确保学生能够更好地适应和融入不断演变的职业环境。这种深入洞察和实际应对的方法，是美国高校学生职业规划成功的重要因素。

二、职业规划支持体系

（一）大学职业指导中心的角色

在美国高校，大学职业指导中心扮演着多重角色，构建了一个全面而具体的职业规划支持体系。① 以下将详细阐述大学职业指导中心的各项功能和作用，以揭示其在学生职业规划中的成功经验。

第一，个性化职业咨询服务：大学职业指导中心提供个性化的职业咨询服务，旨在帮助学生更好地了解自己的兴趣、技能和价值观，并将这些要素整合到职业发展目标中。通过面对面咨询、在线交流等方式，专业职业顾问与学生建立密切联系，为其量身定制职业规划路线图。

第二，专业培训与课程：大学职业指导中心组织并提供丰富多彩的职业规划课程和培训活动。这些课程涵盖了从简历撰写到面试技巧的全方位内容，为学生提供了实用的职业技能。培训还包括个人品牌建设、社交媒体管理等，以迎合现代职场的多样化需求。

第三，职业展会和招聘活动：大学职业指导中心组织定期的职业展会和招聘活动，为学生提供了难得的与潜在雇主直接互动的机会。这不仅为学生提供了深入了解各行业职业机会的平台，同时促进了学生与企业之间的紧密联系，促成更多实际就业机会。

第四，实习和工作机会发布：大学职业指导中心与各类企业和机构保持紧密合作，及时获取实习和工作机会的信息，并将其发布给学生。通过这一渠道，学生能够更早更全面地了解职业市场动向，提前规划自己的职业发展道路。

第五，建设职业发展资源库：大学职业指导中心致力于建设和维护一系列职业发展资源，包括行业分析、公司资料、成功案例等。学生可以通过这

---

① 陈小燕. 中美大学生职业生涯规划指导比较研究[J]. 中外企业家，2017(15)：152-154.

一资源库更深入地了解自己所感兴趣的领域，从而更有针对性地制定职业规划策略。

第六，心理健康与挑战应对：职业规划往往伴随着挑战和压力，因此，大学职业指导中心注重学生的心理健康。心理健康服务不仅包括面对挑战时的心理辅导，还关注学生在职业发展过程中的心理调适。这为学生提供了全方位的支持，使其在职业规划中更具信心和韧性。

通过以上多层面的支持，美国大学职业指导中心构建了一个有机而高效的职业规划支持体系。这一体系不仅使学生更全面地认识和把握自己的职业发展方向，同时也激发了他们积极投入职业规划中。大学职业指导中心在成功的职业规划中发挥着不可或缺的作用，为高校学生打造通往成功职业生涯的坚实基石。

（二）实习与实践经验的重要性

在美国高校学生职业规划中，实习与实践经验不仅是一种学习活动形式，更是一项必不可少的战略，为学生提供了丰富的实际经验和职业发展机会。以下详细阐述实习与实践经验在职业规划支持体系中的关键地位，揭示其在学生成功职业规划中的细致重要性。

第一，实习的定义和形式：实习是一种通过在企业或机构工作一段时间来获得与所学专业相关实际经验的机会。这涵盖了多种形式，包括暑期实习、全职实习、兼职实习等。高校学生在实习中能够亲身感受职场氛围，将课堂学习与实际工作相结合。

第二，实践经验的广泛涵盖：实习不仅仅局限于传统的岗位，还包括志愿服务、项目参与、研究项目等多种形式的实践经验。这样的广泛涵盖确保了美国高校学生能够在不同领域获取全面的实践经验，培养出更为综合的职业素养。

第三，实习的重要性：实习被视为美国高校学生将理论知识应用于实际工作的桥梁。它不仅使美国高校学生更好地了解特定职业领域，还拓展了他们的人际关系网，提高了在职场中的竞争力。研究表明，有实习经验的毕业生更容易脱颖而出，更受雇主青睐。

第四，实践经验的收益：通过实习和实践经验，美国高校学生能够提升解决问题的能力、团队协作技能、沟通能力等职场关键技能。这些经历也让他们建立起实际工作中所需的专业技能，使自己更具备从业的实际能力。

第五,实习对职业定向的影响:实习是美国高校学生更准确地确定自己职业兴趣和发展方向的关键途径。通过亲身体验不同行业和职位,美国高校学生可以更清晰地了解自己的兴趣所在,为未来的职业道路做出更有针对性的规划。

第六,大学与企业的紧密合作:美国高校积极与企业建立紧密的合作关系,确保学生有丰富的实习机会。这种校企合作不仅为学生提供了实践机会,也使企业更好地了解并选拔合适的毕业生,促进了校园与职场的无缝衔接。

第七,实习的多层次辅导:在实习过程中,美国高校学生通常得到来自导师、企业导师和学校职业指导中心的多层次辅导。这种全方位的支持确保了学生在实习中不仅能够完成工作任务,还能够全面提升自己的职业素养。

通过深入了解实习与实践经验的多方面作用,我们更清晰地看到了其在职业规划支持体系中的细致重要性。实习与实践经验为高校学生提供了更多元的学习平台,不仅丰富了其履历,也加强了其职场竞争力。在美国高校的成功职业规划中,实习与实践经验的地位无可替代,为学生打开了通往成功职业生涯之门。

(三)校友网络的作用

大学的校友网络构建了一个有益于校友们联系和交流的平台。透过这个网络,校友们能够发现彼此之间的共同兴趣,促进更深层次的交流。他们可以分享彼此的成功经验、职业发展历程以及生活智慧,从而相互激发和支持。此外,校友网络为校友们提供了一个寻找工作机会、开展商业合作以及参与社交活动的便捷途径,为他们创造了更加广泛的发展机会。

校友网络涵盖了各行各业的从业者,拥有丰富的工作经验和职业见解。从企业高管到初创公司创始人,从医学专业到艺术领域,校友网络为学生提供了一个多元的资源池,使他们能够更全面地了解不同行业的职业发展机会。校友网络为学生提供了与校友建立职业导师关系的机会。通过与校友交流和互动,学生能够获取有关职业发展的建议、行业洞察和个人经验分享。这种导师关系不仅为学生提供指导,还为他们的职业道路指明方向。校友网络也是一个信息传递的桥梁,经常能够传递实习和工作机会的信息。校友通过与学生保持联系,了解他们的兴趣和能力,有可能推荐他们适合的职位，从而提高学生进入职场的机会。校友网络会经常组织各类行业活动和交流平台，如讲座、座谈会、职业论坛等。这为在校生提供了与校友和业界精英面对面交流的机会，促进了职业知识的交流和分享。与此同时，很多高校建立了在线校友平台，提供了一个虚拟的交流空间。在这个平台上，学生可以通过社交网络与校友建立联系，参与讨论，获取校友的职业经验和建议。校友网络也是学生获取就业辅导和资源共享的重要途径。校友愿意分享他们的职业发展经验，提供求职建议，甚至为学生提供内部推荐，使得学生更容易在职业竞争中脱颖而出。除了职业方面，校友网络也为学术支持和社群建设提供了平台。学生可以通过与校友建立学术联系，获得学术资源、研究机会等方面的支持。

通过充分发挥校友网络的作用，美国高校为学生搭建了一个强大而有力的职业规划支持体系，校友网络不仅连接了过去和现在的学生，也促进了校友之间的互助合作，形成了一个紧密而充满机遇的社群。[①] 这一体系为学生提供了更广阔的职业视野和更有力的职业支持，是美国高校成功职业规划的关键因素之一。

三、成功案例分析

（一）个案一：就业成功的学生故事分享

1. 背景介绍

学生名为Emily，就读于美国西海岸的加州大学洛杉矶分校UCLA大学，主修国际关系专业。她在大学期间积极参与学生组织、实习项目，并展现出出色的学术成绩。下面将详细介绍Emily的职业规划之路。

2. 职业规划阶段一：自我探索和定位

在UCLA大学就学早期，Emily对自己的职业方向并不确定。通过参与国际关系学术课程和参加学生组织，她逐渐发现自己对国际事务充满浓厚兴趣。通过参加模拟联合国活动，她体验到了解决国际问题和领导团队的乐趣，为她的职业规划提供了初步的方向。

---

① 郑凌燕. 美国高校学生就业服务工作的特点及其启示[J]. 北京教育学院学报，2014，28(6)：64-67.

3. 职业规划阶段二:实习经历的积累

Emily 在 UCLA 大学期间积极寻找与国际关系领域相关的实习机会。她先后在美国国际非政府组织和跨国公司 Amazon(亚马逊)进行了两次实习。这些实习不仅让她在课堂学到的理论知识得以实践,还拓展了她在领域内的人际网络。在实习期间,Emily 通过与导师和同事的深入交流,了解了国际关系领域的多个方面,包括外交、国际贸易和人权。这帮助她更加明确自己的兴趣点和职业发展方向。

4. 职业规划阶段三:积极参与校友网络和职业指导

Emily 在 UCLA 大学的后期,积极参与学校的校友网络活动。通过这个平台,她成功建立了与一位在国际关系领域有丰富经验的校友 Alex 的联系。Alex 为她提供了有关行业内趋势、职业机会和个人经验的宝贵建议。与此同时,她也利用学校提供的职业指导服务,接受了专业的职业规划辅导。导师帮助她优化简历、准备面试,并提供了在职场中取得成功的实用建议。

5. 职业规划阶段四:成功就业与职业发展

大学毕业后,Emily 顺利在一家国际咨询公司——麦肯锡咨询公司就职,从事国际事务和项目管理工作。她的实习经验、校友网络的支持以及职业指导服务的帮助,为她成功就业奠定了坚实的基础。在工作的第一年,Emily 展现出色的业绩,被麦肯锡咨询公司提拔为项目组负责人。她通过不断学习、积累经验,并与同事、领导保持积极的沟通,逐渐在职场中崭露头角。

6. 总结与启示

Emily 的个案为其他学生提供了许多有益的启示。首先,通过积极参与实习,学生可以在实践中发现自己的兴趣和优势。其次,校友网络和职业指导服务为学生提供了宝贵的行业信息和个人发展建议。最后,成功的职业规划需要阶段性的计划和不断的学习进步,而不仅仅是毕业后的就业。

通过这一成功案例,我们看到了美国高校学生职业规划的有效性,并鼓励其他学生积极参与各种活动,发掘个人潜力,实现职业成功。

(二)个案二:专业职业规划的有效实践

1. 背景介绍

学生名叫 Olivia,就读于美国著名的宾夕法尼亚大学(University of Pennsylvania),主修人力资源管理专业。Olivia 在大学期间表现出色,取得了丰富的实习经验,并积极参与学术研究和社会活动。以下将详细探讨 Olivia 的专业职业规划之路。

2. 职业规划阶段一:专业选择和兴趣发现

入学宾夕法尼亚大学时,Olivia 对未来的职业方向充满疑虑。通过参与各类课程和与教授的深入交流,她逐渐发现自己对人力资源管理领域的兴趣。通过专业的课程学习,Olivia 深刻理解了人力资源对企业成功的关键作用,这为她的职业规划提供了方向。

3. 职业规划阶段二:实习经历的精心选择

Olivia 在大学期间积极争取与人力资源管理领域相关的实习机会。她先后在知名企业:可口可乐、波音航空和非营利组织 Non-profit Organization (NPO)进行了多次实习,涉及招聘、培训、员工关系等多个方面。这些实习经历让她深入了解了人力资源管理的实际操作,培养了解决问题和团队协作的能力。在实习期间,Olivia 始终将自己融入团队,并主动提出改进建议。她利用实习机会建立了广泛的人际网络,不仅与同行建立了紧密联系,还结识了业界资深人士,为将来的发展奠定了坚实的基础。

4. 职业规划阶段三:学术研究与领导力发展

除了实习,Olivia 还积极参与人力资源管理领域的学术研究。她参与了几个与员工满意度、团队协作等相关的研究项目,发表了多篇论文。这些学术经历不仅提高了她的综合素养,也为未来进入更高层次的人力资源管理岗位打下了基础。与此同时,Olivia 在大学的社会活动中担任领导职务,如学生会人力资源部门主管。通过领导团队、组织活动的经验,她锻炼了自己的领导力和团队协作技能,为将来担任高级管理职务奠定了基础。

5. 职业规划阶段四:专业发展与行业交流

在大学毕业前,Olivia 积极参与行业内的交流和专业发展机会。她参加了人力资源管理领域的国际会议、研讨会,并与业内专业人士建立了广泛的联系。这些活动为她提供了深入了解行业动态、分享经验的平台,并为她找到理想的职业岗位提供了便捷途径。

6. 职业规划阶段五:成功就业与职业成就

Olivia 毕业后,顺利进入波音航空公司(The Boeing Company)担任人力资源经理。她的实习经验、学术研究成果、领导力发展和行业交流经历,为她在人力资源管理领域取得成功的职业生涯奠定了坚实基础。在波音公司的工作中,Olivia 不断创新,提升了员工满意度,并在招聘、培训等方面取得了卓越业绩。

7. 总结与启示

Olivia 的个案为其他专业职业规划的学生提供了许多有益的启示。首先,深入了解专业,发现个人兴趣是成功职业规划的关键。其次,通过实习、学术研究、领导力发展和行业交流的全方位发展,为将来在职业领域取得成功提供了全面的支持。最后,积极参与社会活动和专业发展,是实现专业职业规划的重要途径。

通过 Olivia 的成功经验,我们更深刻地理解了专业职业规划的有效性,鼓励其他学生在自己的领域中积极实践,不断发展,实现职业生涯的辉煌。

四、挑战与应对策略

在美国高校学生职业规划中,就业压力和激烈的职场竞争是一项长期存在的挑战。

就业压力主要包括:①高校扩招导致毕业生激增。随着高等教育的普及,高校扩招导致了大量毕业生的涌现。毕业生数量的急剧增加使得职场竞争变得异常激烈。②经济环境的不确定性。社会经济的波动对就业市场造成影响,企业对人才需求的不确定性增加,导致毕业生在就业选择上面临更大的压力。③职业市场结构的变化。随着科技的发展和行业结构的调整,某些传统职业需求减少,而新兴行业的兴起对应用技能提出了更高的要求,给毕业生带来了挑战。随着社会的不断发展,企业对于毕业生的招聘标准也越来越高,使得学生面对更为激烈的就业竞争。

职场竞争的激烈主要体现在:①全球化使得职场不再受限于国界,毕业生需要与来自世界各地的优秀人才竞争。这增加了进入心仪行业的难度。②现代职场对于跨学科能力的需求日益增加,要求毕业生具备更广泛的知识和技能,这使得竞争更加激烈。在这种环境中美国高校毕业的学生会因为就业压力过大对心理健康造成负面影响,增加患焦虑和抑郁的风险。在面对激烈竞争时,毕业生在职业选择上可能感到困扰,难以确定最适合自己的发展方向。在这样的环境下,学生需要具备更多的综合素养和实际能力,才能在众多竞争者中脱颖而出。

学生在大学期间就应该开始规划自己的职业生涯。明确职业目标、了解所在领域的发展趋势,有助于提前准备所需技能和经验。通过实习、参与项目等方式,提前积累职业素养和实际经验,增加自身竞争力。针对当前职场对多元化能力的需求,学生应不断拓展自己的技能和知识面。学习新的技术,提高语言能力,参加培训课程等都是增加竞争力的有效途径。同时,培养团队协作、沟通能力等软技能也是职场中备受重视的素养。在职场竞争中,人脉关系的建立非常关键。学生可以通过参加行业活动、社交聚会、校友会等途径扩大交际圈。与行业内的专业人士建立联系,获取导师指导,对于未来的职业发展将带来巨大帮助。职场环境不断变化,要应对激烈的竞争,学生需要保持持续学习的态度。主动关注行业动态、参与在线课程、获取行业认证等,都是不断提升自己的有效方式。适应变化、保持敏锐的学习意识,将有助于在职场中保持竞争力。面对就业压力,学生需要保持积极的心态。建立自信、学会调适压力、保持良好的心理健康,将有助于更好地应对挑战。同时,学会自我营销,清晰地展示个人优势和成就,提高在招聘过程中的竞争力。

就业压力和激烈的职场竞争是每位学生都会面临的挑战,但通过科学规划、不断提升自己的综合素养,学生完全可以在这个竞争激烈的环境中取得成功。通过应对策略的实施,他们可以更加从容地面对挑战,实现自己在职业生涯中的理想。

第二节　德国高校学生职业规划

一、背景介绍

(一)德国高等教育制度概览

德国的高等学府根据其任务和性质的不同可以分为三种类型:①综合大学。综合大学是一种多学科、专业全面、注重系统理论知识、兼具教学和科研的高等学府。涵盖工科、理科、人文科学、法学、经济学、社会学、神学、医学、农业科学及林业科学等多个学科领域。学制通常为4~6年,学校可授予Diplom、Magister Artium以及Doctor学位。类似的大学还包括工业大学、师范大学、综合大学以及体育大学、行政管理和国防大学。综合大学的建立始于20世纪70年代初,将传统综合大学、师范大学、高等专业学院和艺术院校融合,提供多学科、多层次的专业和课程。这一多元化的学科设置和综合性的教育理念使得综合大学成为培养全面发展的学生,并促进多领域研究和创新的重要机构。②高等专业学院。这类大学历史相对较短,专业设置较为有限,但其特色十分显著。通常开设工程、技术、农林、经济、金融、工商管理、设计、护理等应用专业,一般不涉及文科类专业。课程内容注重应用,强调基础理论与实际应用的结合,专业划分较为细致。教学安排紧凑,学制相对较短,一般为4～4.5年。毕业生可获得高等专业学院毕业文凭(Diplom FH)。部分高等专业学院还提供使用英语授课的继续研修阶段课程,学制为1.5～2年,毕业后可获得(Master)学位。申请者通常需要具备学士学位或相当水平的学位。值得注意的是,高等专业学院通常不授予博士学位。这种设置使得高等专业学院更专注于为学生提供实用技能和职业发展的支持。③艺术学院和音乐学院。包括戏剧学院和电影学院在内,属于相对数量较少、规模较小的高等学府。这些学院秉持因材施教的原则,采用小班授课和个别教学的方式,旨在培养和发展学生的个性和艺术才能,学制通常为7～10个学期。这些学院注重学生的个性发展,提供艺术领域的专业培训,旨在培养出色的艺术家和音乐家。相对较长的学制为学生提供了更充分的时间深化专业技能,以适应艺术领域的复杂性和挑战。

德国高校传统的学制中高等教育全部课程分为两个阶段:①基础阶段,通常为6个学期,主要学习基础课程。②专业阶段,根据专业不同,一般4～8个学期或更长,学习专业课程,做毕业设计以及撰写论文。

完成基础阶段课程后,学生需要通过中期考试方可进入专业阶段。专业阶段包括修完专业课程、通过毕业考试以及完成论文。顺利完成这些步骤后,学生将被授予相应的学位或各类考试证书。

毕业考试根据学科的不同,分为学位考试和国家考试。在综合大学或同等高校,理科、工科、经济学和社会学等专业的学位通常被称为Diplom(Uni.);语言、文化、法律以及一些经济和社会科学的学位则被称为Magister(Uni.);教育、法律、医学和药学等专业需要参加国家考试,通过后获得"国家考试证书";高等专业学院的学历文凭则被称为Diplom(FH)或Magister(FH)。

自 1997 年,德国许多大学设立了国际学位课程,学制不同可获得不同学位。例如,学习 3 年,考试合格可获得学士学位(Bachelor),在此基础上再修读 3~4 个学期可获硕士学位(Master)。持有硕士学位的学生,经教授同意并成绩优异,可选择继续攻读博士学位,通常需要 3~5 年。全日制高校按照每年两个学期的制度运行,冬季学期为此年 10 月至第二年 2 月,夏季学期为 4 月至 7 月。

德国大学的主要教学语言是德语,近年来一些院校也逐步提供英语教学的国际课程。对外国学生的入学通常要求通过大学入学德语语言考试(DSH)或德语作为外国语考试(Test Daf)。

(二)就业市场现状

德国高校学生面临的就业市场呈现多层次、多元化的特征。深入了解德国的就业市场现状,有助于挖掘成功经验,为我国高校学生提供有益的启示。

1. 行业多样性

德国的就业市场涵盖众多行业,包括制造业、服务业、科技创新等。制造业一直是德国经济的支柱,而近年来数字化和绿色经济领域也崭露头角,为学生提供了更广泛的就业选择。

2. 实习与职业连接

德国高校强调实习和职业连接,使学生在校期间就能接触实际工作环境。这种实践经验不仅增加了就业竞争力,还有助于学生更准确地选择自己感兴趣的领域。

3. 中小企业的机会

德国的中小企业在国家经济中占有重要地位,为就业市场注入活力。相对于大型企业,中小企业更愿意为刚毕业的学生提供机会,成为年轻人就业的重要选择。

4. 职业培训和技能匹配

德国注重职业培训,通过与企业合作的方式,使学生在校期间获得实际工作技能。这有助于提高学生在特定领域的就业竞争力,促进了学校与职业市场的有效衔接。

5. 国际化与全球机会

德国的就业市场越来越注重国际化，许多公司在国际舞台上寻找人才。掌握多语言技能和对国际事务的了解，对学生在就业市场上具有额外的优势。

6. 技术和创新导向

随着科技的不断发展，德国的就业市场对技术和创新领域的需求日益增加。STEM（科学、技术、工程、数学）专业的学生在就业市场上拥有更广阔的发展空间。

了解德国就业市场的这些特点，为我国高校学生提供了在职业规划中更全面思考和拓展的方向。借鉴德国的成功经验，我国高校可以进一步改进职业规划教育，提高学生在竞争激烈的就业市场中的竞争力。

二、德国式职业规划模式

（一）职业教育与实习的整合

德国的职业规划模式以其独特的职业教育与实习整合方式为特色，为学生提供了全面、实践导向的职业准备。在这一模式下，学生通过有机的职业教育体系和实习经验，更好地理解并适应未来职业生涯的挑战。

德国的高等教育体系注重职业教育的全面性。高校学生在校期间不仅接受专业知识的传授，还培养实际应用能力、解决问题的技能以及团队协作意识。这有助于建立学生对于自己未来职业的全面认知。实习，在德国的职业规划体系中被视为学生成功发展职业生涯的关键组成部分。它不仅仅是为了满足学校的学分要求，更是为了让高校学生更全面地了解自己所学专业的实际应用，培养他们在职场中所需的实际技能。通过实习，高校学生能够将在课堂上学到的理论知识直接应用于实际工作中。这种学科与实践的整合不仅使学生更深入地理解所学专业领域，还能够加深他们对专业知识的印象，使之更为牢固。例如，工程专业的学生通过实习可以亲身体验设计、制造和维护设备的全过程，这远比课本中的理论知识更为直观和深刻。实习不仅是理论与实践相结合的桥梁，更是培养学生实际解决问题的关键途径。在工作中，学生可能会面临各种挑战和难题，这些实际问题远比书本上的案例更具挑战性。通过实习，学生能够学会运用所学知识解决实际问题，培养出色的问题解决能力。通过实习，高校学生能够更清晰地了解自己所学专业的不同方向和职业发展机会。实际的工作体验为他们提供了一个更具体的职业图景，帮助他们更清晰地定位自己的职业方向，并在专业领域中找到自己的兴趣点。实习也为学生建立职业网络提供了独特的机会。在实习过程中，学生有机会与导师、同事以及行业专业人士建立联系。这些人际关系将对于学生的职业发展提供有力的支持，有助于他们在职场中获得更多机会。德国高校与企业间的紧密合作为学生提供了丰富的实际项目机会。通过参与实际项目，学生能够直接面对职场中的挑战，锻炼解决实际问题的技能，为将来的职业生涯做好准备。在德国的职业规划模式中，实践经验对高校学生职业定位的影响尤为显著。通过实习，学生能够更清晰地认识自己的兴趣和优势，有助于明确未来的职业发展方向。德国高校还设有专门的职业指导中心，为学生提供职业规划方面的咨询和支持。导师制度也在实习期间发挥作用，指导学生在职场中的成长和发展。

在德国的职业规划模式中，职业教育与实习的整合促使学生在求学过程中获得更为丰富的经验，为未来职业道路的成功奠定坚实基础。这一模式为其他国家的高校提供了有益的借鉴，尤其是在培养学生实际工作能力和职业素养方面。

（二）科研与产业的联系

在德国的职业规划模式中，科研与产业之间的联系被视为一个不可分割的整体。这一紧密的关系使得学生在职业规划中更加全面地涉足实际问题，并培养科研与产业相结合的专业素养。

1. 科研与产业融合的背景

德国以其强大的科研体系和高度发达的产业结构而闻名。在德国高校，科研与产业之间的联系并非简单地并行存在，而是通过各种机制实现深度融合。这种融合为学生提供了丰富的实践机会，使得他们在学术界和工业界之间建立紧密的桥梁。

2. 产业需求引导科研方向

德国的高校在选择科研方向时经常会充分考虑产业的需求。学术界与产业界之间的密切协作，使得科研项目更贴近实际应用。德国高校学生参与这些项目，既能获得前沿科技知识，又能更好地理解产业的实际问题。

3. 产学合作项目的实施

产学合作项目是德国职业规划模式中的一大亮点。德国高校学生通过参与这些项目，与企业、研究机构合作，共同解决现实中的问题。这样的合作不仅加强了高校学生在产业界的实际经验，同时也为企业提供了新颖的解决方案。

4. 科研项目带动产业创新

德国高校的科研项目往往能够带动产业创新，学术界的前沿研究成果被迅速转化为产业实践的推动力。高校学生参与这些项目，亲身体验科研成果如何为产业创新带来活力，从而培养了他们对产业发展的深刻理解。

5. 实践中的科研能力培养

在科研与产业的联系中，学生不仅仅是观察者，更是参与者。通过实际项目，他们培养了解决实际问题的科研能力，提升了团队合作、创新思维等方面的素养，使得他们更具备在未来职业中成功应对各种挑战的能力。

6. 产业导向的职业规划

德国的职业规划强调产业导向，即使是在学术领域，高校学生也被鼓励将科研成果转化为实际应用。这种产业导向的职业规划使得高校学生在职场上更具竞争力，因为他们不仅具备了学术研究的深度，还有着解决实际问题的实际经验。

总体而言，德国的职业规划模式中科研与产业的密切联系为德国高校学生提供了一个全面发展的平台。这种模式培养出既擅长学术研究又能在产业中立足的专业人才，为他们未来的职业生涯打下了坚实基础。

（三）公司与学校的合作案例

在德国，公司与学校的深度合作为学生提供了丰富的职业发展机会。以下将通过一个具体的案例来详细展示这种成功经验——巴伐利亚汽车集团（Bavarian Automotive Group）与慕尼黑理工大学（Technical University of Munich）的战略合作。

1. 背景介绍

巴伐利亚汽车集团是德国一家领先的汽车制造商，总部设在德国慕尼黑。从历史上看，这家公司是由 Camillo Castiglioni、Franz Josef Popp 和 Karl Rapp 于 1916 年创立的。公司旗下有宝马、劳斯莱斯等品牌，以高端豪华汽车闻名于世。慕尼黑理工大学(Technische Universität München,德文简称TUM)位于德国南部第一大城市慕尼黑,前身是巴伐利亚国王于1868年建立的慕尼黑皇家拜仁工学院。TUM是一所欧洲顶尖研究型大学,被认为是德国大学在当今世界上的标志之一,尤以其汽车工程专业著称。

2. 合作项目

巴伐利亚汽车集团与慕尼黑理工大学开展了名为"未来汽车创新计划(future automotive innovation program)"的战略合作项目。该项目旨在通过学术研究与实际应用相结合,推动汽车行业的创新与发展。

3. 学生参与实践

在这一引人注目的合作项目中,慕尼黑理工大学的学生享有独特的机会,得以深度参与巴伐利亚汽车集团的实际项目。通过灵活多样的方式,如暑期实习、兼职工作以及专业课程项目,学生们得以深度融入汽车制造业的实际工作环境。在暑期实习中,他们有机会亲身体验汽车制造的方方面面,从设计到生产线,全面了解行业运作。兼职工作使得学生们能够在实际工作场景中应用所学知识,并与专业人士共事,提升他们的实践技能。而课程项目则为学生们提供了更多创新和解决实际问题的机会,培养他们独立思考和解决挑战的能力。

4. 数据支持

根据合作协议,每年有超过200名学生参与该项目中。通过这些多维度的参与方式,学生们不仅丰富了自己的职业经验,还建立起了与巴伐利亚汽车集团专业团队的紧密联系,为未来职业发展奠定了坚实的基础。这样的全面融入,使得学生们在校园与职场之间建立起流畅的过渡,更好地迎接职业生涯的挑战。

5. 产学研结合

在这个案例中,慕尼黑理工大学的教授与巴伐利亚汽车集团的工程师形成了产学研合作的紧密团队。他们共同研究新技术、新材料,解决汽车制造中的实际难题,确保研究成果能够直接应用于生产实践。

6. 就业机会增加

通过参与"未来汽车创新计划",学生们在毕业后获得了更多就业机会。

巴伐利亚汽车集团优先考虑这些学生，因为他们已经通过项目展示了在实际工作中的能力和潜力。

7. 成果展示与知识产权

在合作项目中取得的成果，不仅仅体现在汽车制造的创新上，还体现在知识产权方面。巴伐利亚汽车集团与慕尼黑理工大学签署了多项共同知识产权协议，确保双方在合作中取得的成果得到公正的分享与保护。

8. 校企文化的交流

这种合作不仅仅停留在项目层面，还促成了校企文化的深度交流。巴伐利亚汽车集团的高管经常在慕尼黑理工大学举办讲座，分享行业趋势和经验，同时学校的教授也经常参与汽车集团的内部培训中。

这个案例生动地展示了巴伐利亚汽车集团与慕尼黑理工大学之间成功的校企合作。这种深度合作不仅为学生提供了实践机会，也为公司注入了新的智慧，共同推动了汽车行业的创新与发展。

三、成功经验分享

（一）企业实践与学术研究的平衡

德国的高校教育一直以来注重实践与理论相结合，培养高校学生既具备学术深度又具备实际应用能力。企业实践与学术研究的平衡在德国高校体系中得到了充分体现，为高校学生提供了全面发展的机会。企业实践是高校学生在实际职场中应用所学知识的桥梁。通过参与实际项目、暑期实习和兼职工作，高校学生能够深入了解行业运作，培养解决实际问题的能力，并建立职业人际关系。与此同时，学术研究则为学生提供了深度思考和理论分析的平台。德国高校注重培养学术研究能力，通过参与项目、撰写论文等方式，高校学生能够深入挖掘专业领域，为未来的职业发展奠定理论基础。

实现平衡的关键因素包括：①灵活的课程设置。德国高校注重为学生提供灵活的课程设置，既包含理论课程，也包含实践项目。这种灵活性确保学生在学术和实践之间能够找到适当的平衡点。②紧密的校企合作。高校与企业之间的紧密合作是平衡的关键。通过建立双向沟通机制，高校能够了解企业的实际需求，为学生提供更符合职业市场要求的培养方案。③导师制度的支持。德国高校通常实行导师制度，导师在学术和职业规划上提供指导。通过与导师的深入交流，德国高校学生能够更好地理解如何平衡学术和实践。

其中一个成功的案例是慕尼黑理工大学的工程管理专业。该专业结合了工程领域的学术研究和企业实践，为德国高校学生提供了全方位的发展机会。高校学生们在学术上深耕专业知识，同时通过与当地企业的合作项目，将理论运用于实践，成功地实现了学术和职业的平衡。

通过这样的成功案例，德国高校展示了企业实践与学术研究平衡的可行性，为学生提供了更广阔的职业发展路径。这种平衡不仅有助于应对职场挑战，还培养了学生全面发展的素养，成为德国高校成功经验的重要组成部分。

（二）跨学科合作的创新经验

德国高校在实现学生职业规划方面展现出了令人瞩目的成功经验，其中跨学科合作的创新模式成为引领学生走向职业成功的关键要素。通过详细阐述德国高校在跨学科合作方面的创新经验，可以理解其对学生职业规划的具体积极影响。

1. 跨学科合作的定义与背景

跨学科合作是指不同学科领域之间展开协同工作，整合各专业知识，以解决复杂问题或推动创新。在德国高校，跨学科合作已成为一种推动学术发展和培养全面人才的重要方式。这种合作涵盖了不同专业的师生，打破了传统学科壁垒，促进了知识的交流与整合。

2. 跨学科合作的实施方式

在德国高校，跨学科合作的实施方式多种多样，包括跨专业项目、课程共建、研究团队组建等。学校鼓励师生跨足不同领域，通过共同的学术目标展开合作。例如，工程学专业的学生与生物学专业的学生可以共同参与一个创新项目，从而在解决实际问题的过程中互相学习，形成全面的职业素养。

3. 跨学科合作的益处与挑战

跨学科合作的益处显而易见。首先，学生能够拓宽视野，接触到更广泛的知识领域，培养跨学科思维。其次，合作项目往往涉及实际问题，培养学生解决实际挑战的能力。最后，学术研究也因跨学科合作而更具创新性。

然而，跨学科合作也面临一些挑战，如不同专业背景的学生沟通障碍、合作团队管理等。为了应对这些挑战，德国高校注重提供跨学科交流平台、开设相关课程以提升学生团队协作技能。

4. 成功经验案例分析

柏林工业大学通过建立跨学科项目，将计算机科学与城市规划专业的学生组成团队，致力于开发智能城市解决方案。该项目名为“智能城市创新计划”，旨在整合技术创新与可持续发展理念，以解决现代城市面临的挑战。

在这个项目中，计算机科学专业的学生负责开发智能城市的软件系统，包括智能交通管理、能源利用优化等方面。而城市规划的学生则关注城市规划中的可持续性，涉及绿色建筑、可再生能源利用等方面。这种跨学科团队协作的方式推动了技术与可持续发展领域的创新。该项目在实施中取得了显著成果。不仅推动了智能城市解决方案的开发，还在可持续发展领域获得了多个奖项。柏林工业大学的学生们在项目中通过实际操作，提升了计算机科学和城市规划发展领域的专业技能，同时培养了团队协作和跨学科思维。

5. 对学生职业规划的积极影响

跨学科合作模式为学生提供了更为综合的职业规划经验。通过与不同专业的同学协作，学生能够更全面地了解不同行业的需求，形成更为灵活的职业发展路径。同时，这种合作模式培养了解决复杂问题的能力，使学生在职场中更具竞争力。跨学科合作作为德国高校的一项创新经验，为德国高校学生提供了更广泛的学术与职业发展机会。通过打破学科壁垒，促进知识整合，学生在这种合作模式下获得了更为丰富的职业规划体验，为未来的职业成功奠定了坚实基础。这一经验不仅对德国高校具有启示，也为国际高等教育提供了可借鉴的经验。

四、持续发展与国际化

（一）德国高校国际交流与合作

德国高校一直以其开放、国际化的教育理念而闻名，积极推动国际交流与合作。这一方面体现在学生与学者的国际交往，另一方面则表现在跨国合作项目的推进。

德国高校鼓励学生积极参与国际交流与留学项目。学生有机会通过欧洲交换计划、全球实习、国际志愿服务等途径,深入了解不同文化,拓宽国际视野。这种经历不仅培养了学生的语言能力,还锻炼了其跨文化沟通与适应能力,为其未来的职业生涯打下坚实基础。德国高校积极推动与其他国家高校的合作项目。这些项目涵盖多个学科领域,包括科研、创新、医疗、教育等。例如,德国与法国、英国、美国等国家的大学合作开展的联合研究项目,推动了科研成果的共享与交流。在全球化背景下,德国高校通过参与国际性的合作项目,为学生提供更广泛的学术资源和研究机会。与此同时,德国高校逐渐国际化其课程设置,引入更多国际视野的课程内容。这些课程可能由国际教授团队授课,也可能涵盖国际案例、跨文化管理等内容。通过国际化课程,学生不仅能够获得更广泛的知识,还能够培养全球化背景下所需的综合素养。在这一过程中,为了更好地适应国际化学术环境,德国高校注重学生的语言培训,除了德语,英语、汉语等国际上使用较为广泛的语言的培训也得到重视。学生可以通过语言考试如 TOEFL、IELTS 等取得相应的语言认证,提高自己在国际交流中的竞争力。

总体而言,德国高校在国际交流与合作方面取得了显著成就。通过学生国际交流、跨国合作项目、国际化课程设置以及语言培训等措施,德国高校为学生提供了丰富的国际化体验,为其未来职业规划打开了更广阔的发展空间。这一国际化的努力也使德国高校在全球范围内树立了良好的学术声誉。

(二)跨国企业对德国留学生的青睐

在德国高校学生职业规划的背景下,跨国企业对德国留学生的青睐成为一个引人注目的现象。这种青睐不仅体现在招聘活动中,还反映在企业与高校之间的紧密合作中。

1. 招聘需求与趋势

跨国企业对德国留学生的青睐主要基于多方面的需求和趋势。首先,德国作为欧洲经济引擎,其高等教育系统培养出的留学生通常具备较高的专业素养和实践经验。这符合跨国企业对高素质人才的追求。其次,德国留学生在全球范围内的多语言能力、跨文化沟通技能以及扎实的专业背景,使其成为国际企业愿意吸纳的理想人选。这一趋势体现了全球化时代企业人才需求的变化,强调具备国际视野和全球背景的员工。

2. 跨国企业招聘策略

为了更有针对性地吸引德国留学生，跨国企业采取了一系列招聘策略。首先，他们积极参与德国高校的招聘活动，包括校园宣讲、职业展会等，与德国高校学生进行面对面的交流。其次，一些企业还与德国高校建立了长期合作关系，通过提供实习机会、参与校企合作项目等方式，加强与学校的紧密联系。这不仅有助于提前发现优秀人才，还为学生提供了更多了解企业的机会。最后，一些跨国企业还通过提供奖学金、专业培训等方式，吸引德国留学生加入。

3. 校企合作的深度

校企合作在跨国企业与德国高校之间发挥着重要作用。一些企业与高校建立了战略合作伙伴关系，共同制订人才培养计划，确保学生毕业后能够顺利融入企业环境。这种深度合作不仅包括招聘和培训，还涉及共同研发、创新项目等方面。企业通过深入参与学校的教学和实践环节，更好地了解并塑造未来的员工。这种深度合作既为企业提供了可靠的人才来源，也为学生提供了更多实际经验和发展机会。

4. 德国留学生的竞争优势

德国留学生在跨国企业中具备一系列竞争优势。首先，他们通常接受过严格的德国高等教育训练，具备扎实的专业知识和技能。其次，由于德国高校强调实践与理论相结合的教学理念，留学生在校期间常有实习、项目等实际经验，能够更迅速地适应企业工作。最后，德国留学生在国际交往方面表现出色，能够胜任跨文化团队合作。这些优势使得他们在跨国企业招聘市场上更具竞争力。

跨国企业对德国留学生的青睐不仅是对其专业素养的认可，更是对其全球视野和跨文化沟通能力的需求。这种合作关系促进了学校与企业之间的深度互动，为德国高校学生提供了更广阔的职业发展空间。这也是德国高校职业规划成功经验的一部分，为学生提供了更多选择和机会。

第三节 澳大利亚学生职业规划

一、背景介绍

(一)澳大利亚高校体系概览

表 3-2 澳大利亚知名大学简况

澳大利亚排名	世界排名	大学名称
1	14	墨尔本大学(The University of Melbourne)
2	19	新南威尔士大学(The University of New South Wales, UNSW)
3	19	悉尼大学(The University of Sydney)
4	34	澳大利亚国立大学(The Australian National University, ANU)
5	42	蒙纳士大学(Monash University)
6	43	昆士兰大学(The University of Queensland,UQ)
7	72	西澳大学(The University of Western Australia,UWA)
8	89	阿德莱德大学(The University of Adelaide)
9	90	悉尼科技大学(University of Technology Sydney,UTS)
10	130	麦考瑞大学(Macquarie University)

澳大利亚以其优越的教育体系和全球认可的学术标准而闻名,其高校(表 3-2)体系在国际上备受瞩目。澳大利亚的高等教育系统包括大学、技术与应用学院(TAFE)、私立学院等多个层次,为学生提供了多元化的选择。

1. 大学体系

澳大利亚的大学体系是该国高等教育的核心。大学通常提供本科、硕士和博士等各个层次的课程。澳大利亚的大学以其专业化、实用性和国际化著称。许多大学在全球排名中居前列,为学生提供了高质量的教育资源。

2. 技术与应用学院(TAFE)

技术与应用学院是澳大利亚高等教育的重要组成部分。这些学院专注于实用技能培训,为学生提供与行业需求密切相关的职业课程。TAFE 的灵活性和实用性使其在培养具备实际工作能力的专业人才方面功不可没。

3. 私立学院

私立学院在澳大利亚的高等教育中也占有一席之地。这些学院通常专注于特定领域,提供个性化的学习体验。私立学院的兴起丰富了澳大利亚高教的多样性,为学生提供了更多选择。

4. 学费和学制

澳大利亚高等教育的学费和学制因学校和专业而异。根据澳大利亚教育部的数据,本科学费平均为每年 30 000 到 45 000 澳元,硕士学费平均为每年 20 000 到 37 000 澳元。学制方面,本科通常为 3 ~4 年,硕士为 1 ~2 年,博士根据研究项目的复杂性可持续 3 ~4 年。

5. 课程设置和专业选择

澳大利亚的高校提供丰富多彩的课程和专业选择,涵盖了几乎所有领域。从工程、医学到人文艺术,学生可以根据自己的兴趣和职业目标选择合适的专业。澳大利亚高校以其灵活的课程设置和多元的学科领域而受到学生的青睐。

6. 国际化程度

澳大利亚的高校非常国际化,拥有来自世界各地的大量国际学生。这种国际多元化不仅丰富了校园文化,也为学生提供了更广泛的交流平台。学生在这样的环境中能够接触到不同国家和文化的观念,培养全球化背景下所需的跨文化沟通技能。

7. 优质教学和研究

澳大利亚高校以其优质的教学和研究水平而备受推崇。许多大学在国际上享有盛誉,拥有世界级别的研究机构。这不仅为学生提供了接触前沿知识和参与创新项目的机会,也提高了毕业生的竞争力。

8. 就业市场与趋势

澳大利亚的高校毕业生在就业市场上有着较高的竞争力。根据澳大利亚统计局的数据,大多数专业领域的就业率都保持在较高水平。信息技术、工程、医疗保健等领域的毕业生尤其受到欢迎。澳大利亚政府还通过各种政策和计划鼓励国际学生在毕业后留在澳大利亚工作,为他们提供了更多的职业发展机会。

9. 澳大利亚式职业规划模式

澳大利亚的高校注重培养学生的实际能力和职业素养。通过实习、工作经验和行业合作项目,学生有机会在学习期间建立职业联系,增加职场经验。许多学校还设有职业发展中心,提供个性化的职业规划指导和就业辅导,帮助学生更好地规划自己的职业生涯。

总之,澳大利亚的高校体系以其国际化、实用性和高质量的教育而备受赞誉。澳大利亚的职业规划模式注重实际能力培养,为学生提供了全面发展的机会。通过成功案例的分析,我们可以看到这一模式在培养具备职场竞争力的专业人才方面取得了显著成就。

(二)跨国就业的机会

澳大利亚高校为学生提供了广泛的跨国就业机会,促进了国际化和全球视野的发展。这一特色在职业规划中扮演着“卫星定位”的角色,为学生打开了更为广阔的职业发展之门。

1. 国际化教育氛围

澳大利亚高校以其国际化的教育氛围而闻名,吸引了来自世界各地的学生。这种多元文化的学习环境为学生提供了与来自不同国家和地区的同学共事的机会。这种国际化的学术氛围使学生更容易适应全球化的职场环境,培养了他们的跨文化沟通和团队协作能力。

2. 跨国实习和交流项目

澳大利亚高校积极推动跨国实习和交流项目,为学生提供了在不同国家和文化中获取实际工作经验的机会。这些项目通常与跨国企业、国际组织和其他高校合作,为学生提供了深入了解国际职场的机会。参与者通过跨文化的工作体验,不仅拓宽了自己的职业视野,还培养了适应跨国工作环境的能力。

3. 跨国公司的合作与招聘

澳大利亚高校与许多跨国公司建立了紧密的合作关系,这些公司在校园内进行招聘活动,提供实习机会并与学校合作开展研究项目。这种合作不仅为学生提供了与国际知名企业互动的机会，还为他们进入国际职场打下了坚实的基础。跨国公司通常更愿意招聘具备国际视野和经验的毕业生，这使澳大利亚高校的学生在国际职场中更具竞争力。

4. 国际交流与合作项目

澳大利亚高校积极参与国际交流与合作项目，与其他国家的高校建立起紧密的联系。这种合作不仅有助于学术研究的交流，还为学生提供了参与国际合作项目的机会。通过与来自其他国家的同学共同合作，学生可以更好地理解不同文化背景下的职业规划差异，拓宽自己的国际视野。

5. 多元化的国际学生社群

澳大利亚的高校拥有丰富的国际学生社群，学生可以在这个多元化的环境中建立广泛的人际网络。与来自不同国家的同学交往，不仅促进了文化交流，也为将来在全球范围内寻找工作和合作伙伴提供了有力支持。这种多元化的社群使学生更容易适应全球职场的多元文化要求。

总体而言，澳大利亚高校为学生提供了丰富的跨国就业机会，这不仅促进了学生的国际化发展，也使他们更具备适应全球职场的能力。通过积极参与跨国实习、交流项目以及国际合作，学生能够更好地规划自己的职业生涯，拓宽职业发展的国际视野。

二、职业辅导与资源

（一）学生服务与支持

在澳大利亚高校，职业辅导与资源是学生成功职业规划的关键组成部分。学校提供了多层次的支持体系，以确保学生在校期间获得全面的职业指导和资源。这一体系涵盖了各个方面，包括职业咨询、就业服务、实习机会等，旨在帮助学生更好地规划和实现个人职业目标。

第一，职业咨询服务。澳大利亚高校设有专业的职业咨询服务团队，为学生提供个性化的职业规划建议。这些咨询服务旨在帮助学生了解自己的兴趣、技能和价值观，并将其转化为切实可行的职业目标。通过一对一的咨询，学生可以深入探讨自己的职业志向，了解不同行业的就业前景，并制定符合自身发展需求的职业规划。

第二，就业服务支持。高校为学生提供了全面的就业服务支持，涵盖了求职技巧培训、招聘会组织、简历撰写指导等方面。就业服务团队与各行业建立合作关系，为学生提供实时的职业市场信息，并帮助他们更好地了解不同领域的就业趋势。通过组织企业招聘活动和校园宣讲会，高校架起了学生与用人单位之间的“桥梁”，促进了学生顺利进入职场。

第三，实习机会与校企合作。澳大利亚高校致力于为学生提供丰富多样的实习机会，以促进他们在职业领域的早期经验积累。学校与企业建立了紧密的校企合作关系，确保学生有机会参与真实的工作项目。这种实践机会不仅有助于学生将理论知识应用于实际工作中，还为他们建立了丰富的职业网络，提高了职业竞争力。

第四，职业发展资源中心。为了更好地支持学生的职业规划，澳大利亚高校设立了职业发展资源中心，提供各类职业发展资源。这包括职业生涯指南、行业报告、职业发展课程等。资源中心还定期举办职业发展讲座和工作坊，邀请业界专业人士分享经验，帮助学生更好地了解职业市场和行业趋势。

第五，创业支持与创新中心。为支持有创业梦想的学生，澳大利亚高校提供了创业支持与创新中心。这个中心为学生提供了创业指导、资源支持、创新项目孵化等服务。学生可以在这里得到专业的创业建议，参与创业培训，并与创投机构建立联系。这为有创新意识和创业决心的学生提供了实现创业梦想的平台。

这一支持体系的设计旨在培养学生的职业素养，让他们在不同领域中都能够展现出色。澳大利亚高校通过与企业的合作以及与校友、行业专业人士的交流，搭建了学生与职业世界之间的桥梁，为他们提供了更广泛的发展机会。总体而言，这个完善的体系在帮助学生实现个人职业目标的同时，也为他们未来的成功职业生涯奠定了坚实基础。

（二）职业规划课程与工作坊

澳大利亚高校在培养学生职业规划能力方面，积极推行职业规划课程与工作坊，为澳大利亚高校学生提供了系统性、实用性的职业发展指导。这一体系旨在帮助高校学生全面认知自己，了解职业市场，构建个性化职业路径，提高未来就业竞争力。

第一，职业规划课程在澳大利亚高校日益受到重视。这些课程通常包括职业心理学、市场分析、求职技巧等方面的内容，通过专业的教学团队，向高校学生传授职业规划的理论知识和实际操作技能。高校学生在课程中能够系统地了解各类职业信息，培养分析职业市场趋势的能力，并学习有效的求职技巧，如撰写优秀简历、进行面试等。

第二，澳大利亚高校广泛开展职业规划工作坊，为高校学生提供更加灵活的学习机会。这些工作坊通常以实际案例为基础，结合学生的专业特长和兴趣，通过小组合作、模拟面试等形式，引导学生探索自己的职业方向。工作坊的互动性和实践性使学生能够更深入地理解职业规划的重要性，并在实际操作中提升解决问题的能力。

第三，职业规划课程与工作坊的另一特点是注重个性化指导。在这个体系下，高校学生有机会接受一对一的职业咨询，根据自身兴趣、价值观和职业目标，量身定制职业规划方案。这种个性化的辅导能够更好地满足学生多样化的需求，帮助他们更准确地认知自己，制定符合个体特点的职业发展计划。

第四，职业规划课程与工作坊的实施通常得到企业和行业专业人士的支持。通过邀请行业精英参与教学或组织实地参观，高校学生能够更深入地了解不同行业的运作机制和需求，与潜在雇主建立联系。这种与实际职业领域的紧密联系，为学生提供了更具实践性的职业规划体验。

综上所述，澳大利亚高校通过职业规划课程与工作坊的创新模式，构建了一个全面而富有活力的职业发展支持体系，旨在为学生提供更多元化的职业规划路径。这一体系的关键在于注重学生个体差异，从而更好地满足不同学生的需求。职业规划课程涵盖了广泛的主题，从职业认知到市场洞察，再到实际求职技能，为学生提供了系统性的职业规划知识。

三、成功经验分享

（一）实习项目的推动作用

澳大利亚高校通过实习项目的推动作用，为澳大利亚高校学生提供了丰富的职业规划经验，塑造了一系列成功的实践案例。这一成功经验的分享将从实习项目的设计与推动、学生参与体验、取得的实际效果等层面进行详细阐述。

第一，澳大利亚高校注重实习项目的设计与推动，确保项目能够与各专业紧密结合，充分满足学生的实际需求。通过与行业企业建立合作关系，高校能够更好地了解市场的实际需求，从而设计出更具前瞻性和实际意义的实习项目。这种紧密的产学合作模式既确保了实习项目的专业性，又为澳大利亚高校学生提供了与真实职业环境融合的机会。

第二，澳大利亚高校学生在实习项目中的参与体验是成功经验的关键因素之一。澳大利亚高校通过为学生提供多样性的实习机会，包括不同行业、不同岗位的选择，使得澳大利亚高校学生能够在实践中全面拓展自己的能力。这些实践机会涵盖了从大型企业到初创公司的各种情境，让学生在实习中既能深入了解行业运作，又能更好地认知个人兴趣和职业方向。

第三，实习项目在培养澳大利亚高校学生职业素养方面取得了显著的实际效果。学生通过实习不仅获得了与专业相关的实际经验，还培养了解决问题、团队协作、沟通表达等关键职场技能。这些素养的培养在学生毕业后展现出强大的竞争力，使他们更容易在职业市场中脱颖而出。

第四，成功实习经验的分享也将涉及实习项目对学生职业定向的积极影响。通过参与实习，澳大利亚高校学生更清晰地认识到自己的兴趣所在，对未来职业的定位更加明确。这种在实践中的职业探索有助于学生更好地规划自己的职业生涯，提高就业的针对性和成功率。

总体而言，澳大利亚高校通过实习项目的推动作用，为澳大利亚高校学生提供了富有成效的职业规划体验。这一成功经验展现了澳大利亚高校在职业规划领域的卓越实践。

（二）校外机构与学校的合作案例

澳大利亚高校通过与校外机构的成功合作案例，为学生提供了更广泛、更深入的职业规划支持。这一成功经验分享将从合作案例的背景介绍、合作模式的具体展开、案例取得的成就等多个方面进行详细阐述。

1. 背景介绍

合作案例示例选择的高校为墨尔本大学（The University of Melbourne），校外机构为西门子澳大利亚有限公司（Siemens Australia）。

墨尔本大学（英文简称 UniMelb，中文简称“墨大”），始建于 1853 年，是一所位于澳大利亚墨尔本的公立研究型大学，南半球的学术重镇。墨尔本大学也是环太平洋大学联盟、亚太国际贸易教育暨研究联盟、国际大学气候联盟、英联邦大学协会与澳大利亚八校联盟成员，AACSB 及 EQUIS 认证成员，Universitas 21 大学联盟创始会员和秘书处所在地。截至 2023 年，墨尔本大学共为澳大利亚培养了 4 位总理、5 位总督以及 9 位州长。墨尔本大学的校友、教授及研究人员中，共产生了 8 位诺贝尔奖得主、120 位有“全球青年诺贝尔奖”的美誉的罗德学者。墨尔本大学的排名情况为：2024QS 世界大学排名第 14 位，2023 年 U. S. News 世界大学排名第 27 位，2023 年软科世界大学学术排名第 35 位，2024 年泰晤士高等教育世界大学排名 37 位 。西门子是一家世界知名的科技公司，在澳大利亚也有着广泛的业务，尤其在西澳洲更是拥有多个业务领域，为广大学生提供各种实习、毕业和就业机会。从实习方面来看，西门子在西澳洲提供了丰富的实习机会。季节性实习、暑期实习和实习项目等，都是给学生提供实践机会的好选择。墨尔本大学与西门子澳大利亚有限公司的战略合作始于 2018 年，主要聚焦于电气工程与自动化专业。西门子作为全球领先的技术创新公司，以数字化解决方案为核心，致力于电力、医疗、交通和工业自动化等领域。

2. 合作模式

合作项目涵盖了多个层面，其中最显著的是为墨尔本大学学生提供的暑期实习机会。自合作至今，已有超过 120 名电气工程专业的学生在西门子澳大利亚公司进行了暑期实习。此外，合作还包括每年定期举办的技术研讨会，以及由西门子专业工程师组成的导师团队，为墨尔本大学学生提供行业导向的技术培训。

3. 取得的成就

（1）实习机会增加。合作前，每年平均只有 30 名学生能获得实习机会。合作的第一年，实习机会增至 80 名，第二年更是达到了 120 名，为学生提供了更多实际工作经验。

（2）创新项目成果。合作项目中，墨尔本大学学生参与了西门子澳大利亚公司的数字化工厂项目，提出并实现了多项创新解决方案，其中包括提升生产效率的自动化系统。这些项目不仅为公司创造了价值，也让学生在实际项目中锻炼了技能。

（3）竞赛成绩突出。与西门子澳大利亚公司合作的学生在国内电气工程大赛中屡获佳绩，包括两项金牌和三项银牌，为墨尔本大学的电气工程专业赢得了更多的声誉。

（4）专业排名提升。电气工程专业在国内排名中跃升至前三，吸引了更多优秀学生的关注，提高了专业的声望。

4. 存在的挑战

(1)对实习机会供不应求的挑战。应对策略:墨尔本大学与西门子澳大利亚公司商定每年增加实习名额,同时设立选拔机制确保实习机会更公平地分配给有潜力的学生。

(2)对墨尔本大学学生适应公司文化需要一定时间的挑战。应对策略:西门子澳大利亚公司在实习生中设立导师制度,由公司资深员工指导学生更好地融入公司文化,提升实习体验。

综上所述,这个案例通过丰富的数据和具体的合作模式,生动展示了墨尔本大学学生与西门子澳大利亚公司在电气工程领域的成功合作。总体而言,澳大利亚高校通过实习项目的推动作用,为学生提供了富有成效的职业规划体验。这一成功经验从项目设计与推动、学生参与体验、职业素养培养,到职业定向的角度展现了澳大利亚高校在职业规划领域的卓越实践。

四、澳大利亚式职业规划的特点

(一)自主创业与创新

澳大利亚作为一个重视创新和创业的国家,其职业规划体系展现了独特之处。自主创业与创新不仅是澳大利亚高校学生职业规划的一部分,更是被鼓励和推崇的职业生涯选择。在这个特点鲜明的体系中,高校学生在自主创业和创新中找到了职业发展的新路径。

澳大利亚高校为学生提供了广泛的创业支持体系,包括创新中心、孵化器和创业导师。学生在大学期间就有机会参与创业项目,从而培养自己的创业精神。这种机会旨在帮助学生理解商业运作、管理风险,并将理论知识应用于实践。澳大利亚高校强调创新教育,注重培养学生的创新思维和解决问题的能力。课程中融入实际案例、项目驱动学习等元素,激发高校学生的创新潜力。同时,学校与企业建立的合作关系确保学生接触到最新的行业趋势和技术,为未来的创新奠定坚实基础。以悉尼科技大学为例,该校的创新中心每年孵化出数十个初创企业,涵盖了科技、医疗、环保等多个领域。学生通过参与这些初创企业的项目,不仅积累了创业经验,还有机会与成功企业家互动,拓展职业人脉。

澳大利亚政府通过政策鼓励和支持创新创业,提供税收减免、创业贷款等福利,为毕业生创办自己的企业提供了有力支持。这一完善的体系吸引了越来越多的学生选择自主创业,使创业不再是一条孤注一掷的路,而是一种受到社会认可和支持的职业选择。自主创业虽然有诸多机遇,但也伴随着挑战,学生面临市场竞争激烈、资金匮乏等问题。为此,高校通过建立更广泛的校企合作、提供风险投资支持等方式,帮助学生更好地应对挑战,实现创业梦想。

澳大利亚式职业规划的特点在于鼓励和培养学生的自主创业与创新精神。通过完善的支持体系、创新教育和成功案例的引导,学生得以更好地理解和迎接职业挑战,为未来的创新之路奠定坚实基础。

(二)多元文化环境下的职业发展

澳大利亚以其多元文化和开放的社会而闻名,这种多元文化环境对学生职业规划产生了深远的影响。在这个独特的背景下,高校学生在职业发展中面临着更广泛的选择和挑战,同时也得以体验多元文化的优势。澳大利亚是一个由不同文化、种族、宗教背景的人构成的社会。这种多元文化的社会特点使得学生在高校和职场都能接触到来自不同文化背景的同事、导师和同学。这样的多样性为职业发展提供了丰富的资源和机会。因此,澳大利亚高校注重培养学生的跨文化沟通能力。在课程设置和实践活动中,学生有机会与不同文化背景的人合作,提高了他们的跨文化敏感性和合作技能。这对于未来跨国公司或国际组织的职业生涯至关重要。

第一,澳大利亚的多元文化社会体现在学校校园内。在高校中,学生们能够与来自世界各地、拥有各种文化背景的同学共同学习。这种多样性不仅促进了文化的相互交流,也为学生提供了更全面、开放的学术氛围。通过与不同文化的同学共同探讨问题、合作完成项目,学生们得以拓展自己的思维方式,培养了更宽广的视野。

第二,多元文化的社会特点在澳大利亚的职场同样得到了体现。在职场环境中,澳大利亚公司往往拥有来自不同国家和地区的员工。这种多元文化的工作环境使得职场更加开放,员工能够从不同文化中获得启示,拓展自己的职业发展空间。企业通过充分利用不同文化背景员工的优势,取得了更高的创新力和竞争力。

第三,多元文化的社会背景为学生提供了更广泛的社会资源和机会。通过参与不同文化背景的社群组织、文化活动,学生能够建立起丰富的人际网络。这种广泛的社会联系为学生提供了更多的职业机会,使他们能够更好地适应职场挑战。以悉尼大学为例,该校的跨文化培训项目通过与本地企业的合作,为学生提供了与不同文化背景的员工一同工作的机会。学生在项目中不仅提高了跨文化团队协作的能力,还建立了国际性的职业网络。

澳大利亚式职业规划的特点在于,提供了一个多元文化的综合体验,这既是一种挑战,也是一种机遇。学生在这个环境中成长,不仅能够更全面地了解自己,还能够培养跨文化沟通的能力,为国际职业道路打下坚实基础。

第四节　国外高校学生职业规划的启示

一、跨国比较与借鉴

(一)不同国家职业规划模式对比的意义

在全球化的时代,不同国家的职业规划模式呈现出多样性和特色。通过对比这些模式,我们能够汲取各国成功的经验,并为我国高校学生职业规划提供有益的启示。

第一,美国的职业规划模式强调学生在大学时期即开始实施职业规划,注重实习和实践经验的积累。这种模式突出了职业教育和实际工作的有机结合,使学生在毕业时具备更多实际经验和职业技能。我国高校可以借鉴美国的实践,提前介入职业规划教育,加强实习机会的开发,帮助学生更好地过渡到职业生涯。

第二,德国的职业规划模式注重职业教育与实习的整合,强调学科与实践的紧密结合。德国的高等专业学院设有实际应用导向的专业课程,学生在校期间通过实习将理论知识应用于实际工作。这一模式有助于培养学生的实际问题解决能力,提升他们在职场的竞争力。我国高校可以考虑加强实际应用课程的设置,推动学科和实践的更好融合。

第三,澳大利亚的职业规划模式注重学生服务与支持,通过职业辅导、资源分享、实习项目等多方面手段,全面支持学生的职业发展。这种关注学生全面成长的模式为我国高校提供了引人注目的借鉴。我们可以借鉴澳大利亚的经验,建立更完善的学生服务与支持体系,为学生提供更全面的职业规划帮助。

通过对不同国家职业规划模式的对比，可以看到各国在不同方面都有值得学习的地方。我国高校在职业规划方面可以借鉴发达国家的成功经验，通过引入更早的职业规划教育、加强实践经验的培养、建设更完善的学生服务支持系统等手段，促使学生更好地适应职业挑战，为未来的职业生涯奠定坚实基础。

（二）共通的成功经验与原则

在国外高校学生职业规划的成功经验中，虽然各国有着不同的文化、教育体制和职业市场，但在实践中也存在一些共通的成功经验和原则，这些经验可为我国高校学生职业规划提供有益的启示。

第一，早期介入职业规划教育是一个共通的原则。无论是美国、德国还是澳大利亚，都强调高校学生在大学阶段就应该开始进行职业规划。通过提前了解自己的兴趣、技能和价值观，高校学生能够更清晰地制定职业目标，为未来的发展做好充分准备。我国高校可以借鉴这一原则，逐步建立起更早期、更系统化的职业规划教育体系。

第二，实习与实践经验的强调是一个普遍的成功经验。美国高校强调实习的重要性，德国高校注重学科与实践的整合，而澳大利亚高校通过实习项目的推动作用为学生提供了实践机会。这表明在职业规划中，理论知识与实际经验的结合是至关重要的。我国高校可通过加强实习机会的开发，建立更多与企业的合作项目，为学生提供更多实际工作机会。

第三，校友网络的积极作用也是一个共通的成功经验。无论是美国还是澳大利亚，其高校校友网络都为学生提供了一个有利于联系和沟通的平台，通过分享成功经验、职业发展和人生见解，为学生提供了更广泛的发展空间。我国高校可以借鉴建设更强大的校友网络，促进学生与校友的互动，为毕业生提供更多的职业支持。另一共通原则是职业规划与学科整合，德国的职业规划模式中，学科与实践的整合有助于学生更深入地理解所学专业，并培养实际解决问题的能力。这一原则表明，学科知识与职业技能的结合是一个有效的职业规划路径。我国高校可以通过加强实际应用课程的设置，推动学科和实践更好地融合。

第四，澳大利亚的多元文化环境下的职业发展经验为我们提供了新的启示。在多元文化社会中，高校学生能够接触到来自不同文化背景的同事，为职业发展提供了丰富的资源和机会。我国高校可以在培养学生的国际化视野方面进行更多努力，创造更多的国际化学术和实践机会。

第五，认清职业规划对大学生人生职业发展的重要性。职业规划和指导能够帮助大学生较为深刻地剖析自我，通过参照社会对人才素质的要求，不断修正自己的职业发展计划。因此，从学生入学时就应将职业教育贯彻到他们的学习过程中，职业规划应作为就业教育的核心内容列入教育计划之中，将科学的理念灌输给学生，同时教给学生科学的职业生涯规划方法，这对于学生步入社会和一生的职业发展具有非常重要的意义。

第六，加强专业化职业指导师队伍建设是必要举措。专业化是国外高校师资队伍的显著特征，也是师资队伍的必备条件。美国最早出现了职业指导员。职业的规范化、标准化是美国的一大特色。1997 年美国对职业咨询人员的能力和资格做出规定，要求每一名职业咨询师至少要具备七个方面的基本能力，并且接受作为毕业内容中指导方面的必修课程的职业指导培训。美国高校开设职业咨询师专业，并具备完整的考核认证体系，所以美国的职业指导人员的整体素质较高，从事高校学生就业指导的专业人员具有硕士及以上学历，他们就读的专业主要是教育学、心理学、咨询学、法学等，熟悉学生事务工作，而且高校就业中心专职人员与学生比为 1∶200。高学历、专业化的师资队伍为学生提供良好的职业生涯指导服务。

二、国际化视野与全球竞争力

（一）语言与文化的重要性

在国外高校学生职业规划的成功经验中，国际化视野与全球竞争力的重要性在于语言与文化的深刻影响。不同国家、不同文化背景的高校提供了高校学生广泛的交流和学习机会，通过培养多语言能力和跨文化沟通技能，使学生更具全球竞争力。

首先，语言的重要性不可忽视。在国际化的背景下，多语言能力成为提升学生竞争力的重要因素。在美国、德国、澳大利亚等国的高校，英语通常是主要的教学语言，学生需要具备良好的英语沟通能力。语言不仅仅是交流的工具，更是连接不同文化的纽带。具备流利的英语表达能力使学生能够更好地参与国际化学术研究、跨国合作项目以及全球化企业的工作。其次，文化的重要性同样显著。不同国家和地区拥有独特的文化传统、价值观和社会习惯，这在全球化时代成了宝贵的资源。学生通过接触和理解多元文化,培养了开放的思维方式,更容易适应跨国合作和全球化职场的需求。在国际化的高校环境中,文化教育常常被纳入学科体系,为学生提供更丰富的学术经验和职业发展机会。最后,国际化视野与全球竞争力的提升不仅体现在语言和文化方面,还包括全球意识的培养。在国外高校,学生通常会参与国际研究项目、交流计划以及跨国企业的实习机会,通过这些全球性的活动,他们更容易理解国际事务,把握全球产业趋势,形成更为全面的职业规划。

在我国高校,提升国际化视野和全球竞争力的途径包括(但不限于)以下几个方面:①加强英语教育。通过提高英语教学质量、开设双语教学课程等方式,培养学生良好的英语沟通能力。同时,鼓励学生参加国际英语考试,获取国际通用的语言证书。②拓展国际化交流渠道。建立更多国际合作项目、推动学生参与国际学术会议、组织跨国交流活动,为学生提供更多接触多元文化的机会。③加强全球意识的培养。在专业课程中融入国际化元素,组织国际研讨班、论坛等活动,拓宽学生的国际视野,引导他们深入了解全球事务。④推动国际化实习与实践。与跨国企业建立更紧密的合作关系,为学生提供国际实习机会,让他们能够在真实的国际职场中锻炼自己,积累跨文化工作经验。通过这些措施,我国高校可以更好地培养具备国际化视野和全球竞争力的优秀人才,使他们更好地适应全球化时代的挑战与机遇。

(二)跨文化交流的挑战与机遇

跨文化交流的挑战主要表现在语言和沟通方面。学生需要具备足够的语言水平,以便在不同语境中流利交流。然而,语言不仅仅是词汇和语法的组合,更涉及文化内涵、表达方式以及言外之意。不同文化对于沟通的期望和方式存在显著差异,因此高校学生在进行跨文化交流时可能面临理解困难、表达不准确的情况。这需要学生具备主动学习和适应的能力,通过与本土人士的互动,不断提高跨文化沟通的水平。文化差异可能引发的误解和冲突也是一个需要重视的挑战。不同文化对于职场礼仪、权力关系、决策方式等方面存在差异,学生在跨文化交流中需要对这些方面保持敏感,并具备解决问题的能力。在团队协作中,文化差异可能导致沟通不畅、合作不协调,因此需要通过文化培训、团队建设等方式,提高团队成员对文化差异的认知和理解。

跨文化交流也为学生带来了广阔的机遇。首先,通过与来自不同文化背景的同学、导师、同事合作,学生可以拓展自己的人际网络,获取更多的资源和支持。在国际化的学术研究项目中,不同文化的思维碰撞往往能够激发创新和突破。其次,跨文化交流也有助于学生提升跨文化领导力。在全球化的背景下,具备跨文化领导力的人才更受欢迎。通过参与国际团队、跨国企业实习等经历,学生可以锻炼自己的领导力和团队协作能力。

高校在培养学生国际化视野和全球竞争力时,可以通过以下途径有效应对跨文化交流的挑战并最大限度地抓住机遇:①强化语言培训。提供更多的语言课程和交流机会,鼓励学生主动参与语言学习,提高他们的语言水平。②加强跨文化沟通能力培养。通过文化差异认知培训、跨文化交流项目等方式,让学生更好地理解和适应不同的文化环境。③设立文化支持体系。为国际学生提供文化适应的指导和支持,建立文化交流的平台,促进本地学生与国际学生之间的深入交流。④加强国际团队合作。在课程设计中引入国际团队项目,培养学生在跨文化团队中协作的经验,提升他们的团队合作能力。

综合以上措施,高校可以更好地引导学生面对跨文化交流的挑战,同时也能为他们创造更多的机会,促使他们更好地适应全球化职场的要求。在这个过程中,学生将不仅仅获得专业知识,更将培养出具备广泛国际视野和全球竞争力的综合素质。

三、未来发展趋势与展望

(一)技术与行业趋势对职业规划的影响

未来发展趋势对职业规划产生了深远的影响,其中技术与行业趋势成为塑造学生职业未来的重要因素。随着科技的飞速发展和全球产业结构的变革,学生需要更加敏锐地洞察技术和行业的动向,以更好地规划个人职业发展。

首先,技术创新对职业规划带来了新的机遇。随着人工智能、大数据、云计算等前沿技术的不断涌现,新兴行业和职业岗位层出不穷。学生需要具备对这些技术的理解和应用能力,以迎接未来职场的挑战。例如,学生可以通过参与科技创业、研究项目,提前感知新技术的应用领域,为自己的职业发展走在前沿。其次,技术趋势也带来了职业的多样性。以信息技术行业为例，不仅需要具备技术专业知识的人才，还需要懂得市场推广、用户体验设计、数据分析等多方面能力的综合型人才。未来的职业发展将更加强调跨学科的综合素养，学生需要在职业规划中注重全面发展，培养多方面的技能和知识。再次，新兴行业的兴起将带来新的职业领域。例如，可再生能源、生物技术、虚拟现实等行业正在崭露头角，为学生提供了更多选择。职业规划需要更灵活，学生应关注新兴行业的发展动态，及时调整自己的职业方向，把握新兴领域的机会。最后，技术与行业的发展趋势影响职业规划的灵活性。传统职业的边界逐渐模糊，人们更加注重跨行业、跨领域的经验积累。学生在职业规划中应注重跨界学习，培养自己具备多领域知识的综合素质，以适应未来职场的变化。

在未来的职业规划中，学生应重视以下几个方面：①持续学习和适应能力：面对技术和行业的不断变化，学生需要具备持续学习的意识和能力，不断提升自己的知识储备，适应职业环境的变化。②跨学科能力的培养：技术与行业的融合需要具备跨学科知识的综合型人才。学生在职业规划中应注重跨学科能力的培养，增强自己在多个领域的竞争力。③关注新兴领域和行业：学生应时刻关注科技和行业的发展趋势，积极参与新兴领域的学习和实践，为自己的职业发展把握机会。④灵活的职业规划：面对职业边界模糊、新兴领域不断涌现的未来，学生需要保持职业规划的灵活性，随时调整自己的职业方向，迎接新的挑战。

综上所述，技术与行业趋势对职业规划的影响日益凸显，学生需要在职业规划中积极应对这些变化，不断提升自己的综合素质，以便更好地适应未来职场的需求。

（二）国际化人才在未来的需求

在全球化的背景下，各国之间的交流与合作变得更为频繁。高校学生需要具备在多元文化环境中进行有效沟通的技能，理解并尊重不同文化的差异，这包括语言沟通、文化意识、国际商务礼仪等方面的能力，以便更好地融入跨国团队。国际化人才需要具备全球化背景下的职业适应力。随着科技的发展，很多行业都面临全球性的竞争和挑战。学生应该具备适应不同国家和地区职场环境的能力，对全球市场的经济、法律、文化等方面有一定的了解，以便更好地在国际职场中立足。另外，语言能力也是国际化人才必备的重要素养。多语言能力不仅有助于扩大交际圈，更是在国际商务和跨国企业中不可或缺的技能。学生应该注重提升自己的语言水平,有条件的情况下可以学习多国语言,提高自己在全球职场的竞争力。国际化人才还需要具备全球战略思维和问题解决能力。他们需要能够在跨国背景下制定战略,解决全球性的问题。这包括对全球经济走势的洞察力、全球资源的整合能力、国际政治经济趋势的把握等方面的能力。

对于高校学生而言,要适应未来国际化人才的需求,可以从以下几个方面入手。①语言学习:提高英语水平是基础,同时学习其他国际语言,如法语、德语、西班牙语等,以扩大自己的语言优势。②国际交流与实习:积极参与国际交流项目和跨国企业的实习,亲身体验不同文化,增强跨文化沟通能力。③全球意识培养:关注国际事务,了解不同国家的文化、经济、政治状况,培养全球意识。④综合素质提升:在跨学科学习的同时,注重培养解决问题的能力、团队协作和领导力,以应对全球职场的复杂性。⑤参与国际项目:参与国际性的研究项目、学术交流等,积累国际化经验,为将来国际职场的发展打下坚实基础。

总的来说,未来国际化人才将成为各行业的需求,我国高校学生在职业规划中应注重培养国际化素养,提高自己的国际竞争力,为更广阔的国际职业道路做好准备。

第三章
数字经济背景下地方应用型高校学生职业规划发展现状

第一节　数字经济背景下青年职业选择与职业发展

一、数字经济催生新的职业

在当今数字经济蓬勃发展的背景下，职业市场正在经历着深刻的变革。随着信息技术、互联网和人工智能等新兴技术的快速发展，传统产业逐渐向数字化转型，而新兴产业和职业也应运而生。这些变革不仅影响着企业的经营模式和生产方式，也在青年人的职业选择和发展路径上产生了重大影响。

（一）数字经济背景下职业市场的变化

在数字经济的崛起下，职业市场正在发生深刻的变化。传统行业逐渐朝着数字化和智能化的方向发展，这一趋势不仅体现在金融、制造业和零售业等传统行业中，还在新兴产业如人工智能、大数据、云计算和物联网等领域中得到了迅速展现。这些新兴产业不仅改变了传统行业的生产方式和业务模式，也为青年人提供了更多的就业机会和发展空间。

数字经济背景下的职业市场变化体现在传统行业向数字化和智能化转型。随着信息技术的飞速发展，传统行业，如金融、制造业和零售业，正在积极应对数字化的挑战，通过引入先进的信息技术和数字化工具，提升生产效率和服务质量。例如，在金融领域，随着金融科技的兴起，移动支付、互联网银行等数字化服务已经成为主流，这不仅改变了人们的消费习惯，也创造了大量的就业机会。在制造业方面,智能制造技术的应用正在推动传统制造业向智能化转型,促进产业升级和转型升级。在零售业,电商平台的崛起和线上消费的增长,使得数字化营销和物流配送成为行业发展的关键。这种转型不仅改变了企业的经营模式和运营方式,也影响着从业人员的工作内容和职业需求。

新兴产业如人工智能、大数据、云计算和物联网等也成为经济增长的新动力。这些新兴产业以其快速发展和巨大潜力,吸引着大量的投资和人才涌入。例如,人工智能技术的应用正在改变传统产业的生产方式和商业模式,从智能语音助手到自动驾驶汽车,从智能医疗到智能家居,人工智能已经渗透各个行业。大数据技术的发展使得数据成为新的生产要素,推动了数据分析、数据挖掘等相关职业的需求迅速增长。云计算技术的普及和应用,为企业提供了更加灵活和高效的IT基础设施,推动了企业的数字化转型和云服务市场的发展。物联网技术的应用,将各种设备和物品连接到互联网,实现了智能化管理和互联互通,推动了智能城市和智能家居等领域的发展。

新兴技术的迅猛发展深刻影响着职业发展的方向和模式。人工智能、大数据、云计算和物联网等领域的新兴技术不仅创造了新的职业机会,也要求从业人员不断学习和适应技术变革,以确保自身在数字经济时代的职业发展更加充实和有活力。

(二)新兴职业类型

在数字经济背景下,新兴职业类型的崛起成为职业市场的一大特点。人工智能、大数据、云计算、社交媒体、虚拟现实等领域的职业逐渐受到重视,成为吸引青年人投身其中的热门选择。这些新兴职业类型不仅给青年人带来了更多的就业机会,也为他们的职业发展提供了新的方向和挑战。

1. 人工智能和机器学习相关职业

人工智能(AI)和机器学习(ML)相关职业正成为当前职业市场上备受瞩目的新兴领域。随着人工智能技术的迅速发展,越来越多的企业开始意识到利用人工智能技术改善产品和服务的巨大潜力,这就催生了对于AI和ML相关职业的巨大需求。从智能助手、自动驾驶汽车到个性化推荐系统,AI和ML技术正渗透我们生活的方方面面,驱动着许多行业的创新和发展。

在这个领域,人才需求日益增长,人工智能工程师、机器学习工程师、数据科学家一类的职业都备受市场追捧。人工智能工程师主要负责设计和开发智能系统和应用，机器学习工程师则专注于构建和优化机器学习模型，而数据科学家则致力于从海量数据中提取有价值的信息和洞见。这些职业不仅需要扎实的数学、统计学和计算机科学基础，还需要对领域知识有深入理解，并具备创新能力和解决问题的能力。

2. 数据分析与大数据专业

随着大数据技术的普及和应用，数据分析和大数据专业也成为市场上的热门职业。

数据分析师是指通过收集、处理和分析数据来提供业务决策支持的专业人员。他们需要掌握数据挖掘、数据清洗、数据可视化等技能，能够利用数据发现商机、优化业务流程和提升决策效率。数据分析师的工作范围涵盖各个行业，包括金融、零售、医疗等，他们的工作成果对企业的战略规划和运营管理具有重要影响。

大数据工程师是指负责搭建和维护大数据系统的专业人员。他们需要熟悉大数据技术栈，设计和实现高效的数据存储和处理方案。大数据工程师的工作主要包括数据架构设计、数据仓库建设、数据流处理等，他们的工作直接影响着企业对海量数据的管理和利用。

3. 云计算与网络安全职业

在数字经济时代，云计算和网络安全是不可或缺的关键技术领域，对于企业和社会的数字化转型至关重要。云计算技术的普及使得企业能够将业务和数据迁移到云端，从而实现灵活、高效的 IT 资源管理和利用，降低了成本并提升了业务的可扩展性。与此同时，网络安全问题日益突出，企业和个人面临着来自网络的各种威胁和攻击，因此对于网络安全专业人才的需求也越来越大。

云计算职业包括云计算工程师和云架构师等。他们需要具备丰富的云计算技术知识，能够搭建和管理各种云平台，如公有云、私有云和混合云等，为企业提供安全、稳定的云服务。云计算工程师负责设计和实施云计算解决方案，管理云平台的资源和性能，确保云服务的可用性和安全性。而云架构师则负责规划和设计整个云计算架构，确保其满足企业的业务需求和安全要求。

网络安全职业包括网络安全工程师、安全分析师和安全管理员等。他们需要具备深入的网络安全知识，能够识别、预防和应对各种网络攻击和威胁。网络安全工程师负责设计和实施网络安全策略和措施，监控网络安全事件并进行应急响应，确保企业的网络和数据安全。安全分析师则负责分析和评估网络安全风险，提出相应的改进建议，加强企业的网络安全防护能力。安全管理员则负责管理和维护企业的安全设备和系统，保障网络安全的持续运行。

总之，云计算和网络安全职业在数字经济时代具有重要意义，对于企业的信息化建设和网络安全防护至关重要。随着云计算和网络安全技术的不断发展和应用，相关职业的需求将持续增长，为从业者提供了广阔的发展空间和机会。因此，对于有志于从事云计算和网络安全行业的人士来说，持续学习和提升自己的专业能力至关重要，以应对不断变化的市场需求和挑战。

4. 数字营销和社交媒体专业

在当今数字经济时代，随着互联网的普及和移动互联网的发展，数字营销和社交媒体专业成为企业推广和品牌建设的关键领域。这两个领域的专业人才在企业中扮演着重要的角色，他们的工作涉及推广策略的制定、内容创意的设计、社交媒体平台的管理等多方面内容。

数字营销专业人才需要掌握各种数字营销技术和工具，如搜索引擎优化（SEO）、搜索引擎营销（SEM）、内容营销等。他们需要根据企业的市场定位和产品特点，制定相应的数字营销策略，并通过各种渠道和平台进行推广和宣传。数字营销专业人才的工作范围广泛，涵盖了线上广告投放、社交媒体营销、电子邮件营销等多个方面。

社交媒体专业人才需要熟悉各种社交媒体平台的运营和推广策略。随着社交媒体的兴起，越来越多的企业将目光转向了社交媒体，希望通过这些平台与用户进行互动和交流，提升品牌知名度和用户参与度。社交媒体专业人才需要深入了解不同社交媒体平台的特点和用户群体，制定相应的内容策略和推广方案，以提升企业在社交媒体上的影响力和竞争力。

5. 虚拟现实与增强现实领域的职业

虚拟现实（VR）和增强现实（AR）技术的迅速发展正在为娱乐、教育、医疗等领域带来革命性的变革。这两项技术的普及和应用为新兴职业的兴起创造了条件。VR 工程师、AR 工程师、内容设计师、用户体验设计师等职业成了市场上备受瞩目的新兴职业。

VR 工程师、AR 工程师是虚拟现实和增强现实技术的开发和实现者。他们需要具备深厚的技术功底，掌握 VR、AR 技术的核心原理和开发工具，能够设计和开发具有创新性和实用性的 VR/AR 产品和解决方案。VR 工程师、AR 工程师的工作范围涉及虚拟场景的建模、增强现实技术的应用、用户交互设计等多个方面。

内容设计师是负责为 VR、AR 产品和应用提供内容和体验设计的专业人员。他们需要深入了解用户需求和产品定位，结合 VR、AR 技术的特点和优势，设计出符合用户期待和产品目标的内容和体验。内容设计师的工作不仅涉及视觉设计、交互设计等方面，还需要考虑用户体验和情感传达等因素。

用户体验设计师是负责优化 VR、AR 产品和应用的用户体验的专业人员。他们需要深入了解用户行为和心理，结合产品特点和目标用户群体，设计出具有良好用户体验的界面和交互方式。用户体验设计师的工作范围涵盖了用户研究、界面设计、用户测试等多个方面。

总之，虚拟现实和增强现实领域的职业具有广阔的发展前景和创新空间。随着 VR、AR 技术的不断进步和应用场景的不断扩展，这些职业将继续受到市场的青睐，为各行各业提供创新的解决方案和产品。

（二）新兴职业的特点

在数字经济时代，新兴职业呈现出一系列独特的特点，这些特点不仅影响着职业本身的性质，也对从业者提出了新的要求。其特点主要包括以下几方面。

第一，跨学科性质与综合能力需求。新兴职业往往具有跨学科的性质，要求从业者具备多领域的知识和技能。以人工智能和机器学习为例，这一领域涉及计算机科学、数学、统计学等多个学科，要求从业者能够在不同领域中游刃有余地应对问题。因此，新兴职业对于综合能力的需求较为迫切，从业者需要具备跨学科的视野，能够进行跨界合作，解决复杂的问题。

第二，数字技术赋能传统职业。数字经济是以数据为关键生产要素，以技术进步为推动力的经济形态。随着技术进步的不断积累及质变，其通过引导生产方式的变革来孕育新的产业，而这又必将进一步影响就业结构的变化与未来新职业的创造。其运行原理在于：技术进步会对不同的从业者进行筛选，例如随着数字设备取代传统设备，相应地对从业者职业素质的要求也会提升,即在原有技术与技能水平之上还要具备一定的数字技术与技能。① 显然,低技术、低技能从业者更容易被替代,而对高技术、高技能从业者的需求会显著增加。例如,在产业数字化方面,数字技术改变了产品的生产与交付形式,依托数字平台可以迅速将生产和消费连接起来,这在催生诸如网约配送员、互联网营销师、农业数字化技术员、商务数据分析师等新职业方面形成了正向反馈效应;在数字产业化方面,随着数字技术的发展,对于软硬件开发、技术架构、实施运维等领域诸如数据安全工程技术人员、数字化解决方案设计师、数据库运行管理员、信息系统适配验证师等多种新职业的需求也不断增加。

第三,职业智能化,产业结构升级催生。数字技术可以广泛应用于产业经济的各个领域,伴随我国产业数字化进程的加快,以人工智能为代表的数字技术正全面改造传统制造业和生产性服务业,被赋能的机器设备也能形成感知、认知和决策等能力,能够在设计、供应、制造、销售和服务等环节实施优化,从而实现智能生产和提升劳动生产率。诸如机器人工程技术人员、服务机器人应用技术员、智能硬件装调员、智能制造工程技术人员等与数字技术相关的新职业,为提供更多智能化产品和服务奠定了坚实的基础。

第四,职业服务化,人民消费升级带动。党的十八大以来,我国第三产业占 GDP 的比重逐年上升,2023 年的占比更是高达 54.6%。产业结构在变化的同时也促进了就业结构的调整。与第一、第二产业朝着机器设备智能化发展减员增效趋势不同的是,第三产业在数字技术赋能下,在线教育、云旅游、在线医疗、无人零售、智慧社区等许多新的消费场景不断涌现,生产性服务业与高端生活性服务业吸纳就业的能力显著增强,服务业呈现增员增质的局面。② 这起因于数字经济时代人们的消费观念越加追求品质化与个性化,消费升级由原先关注“量”的增长转向更加注重“质”的提升,大量新职业的出现正是为了满足人民日益增长的美好生活需要。服务需求的持续增加一定会形成大量的工作岗位,催生诸如在线学习服务师、虚拟现实工程技术人员、数字化解决方案设计师等新的职业,从而推动服务业就业结构的优化升级。

---

① 王姗姗.数字经济对大学生就业影响:作用机理、困境及应对策略[J].天津商务职业学院学报,2023,11(4):3-12.

② 蔡月,张鹏.数字化时代下高校学生职业规划与就业指导的多维审视[J].就业与保障,2023(3):115-117.

第五,创新性和灵活性的职业特点。新兴职业通常处于快速发展的阶段,要求从业者具备创新性和灵活性。在面对不断变化的技术和市场需求时,从业者需要具备创造性思维,能够提出新颖的解决方案。同时,灵活性也显得尤为重要,因为职业环境的不确定性需要从业者能够快速适应并做出相应调整。

第六,不断更新的技术要求与终身学习的重要性。新兴职业的发展往往伴随着技术的不断更新,从业者需要保持对新技术的敏感性,不断学习和更新知识。在数字经济时代,终身学习成为一种必备的职业素养。从业者需要时刻关注行业的最新发展,参与培训和学习,以确保自己的技术水平保持在行业的前沿。总之,新兴职业的特点既体现在跨学科性质与综合能力需求上,也表现在创新性和灵活性的职业特点,同时要求从业者具备不断学习的意识和能力。这些特点构成了新兴职业群体的核心素养,也为职业发展提供了全新的视角和机遇。

二、数字经济背景下青年职业选择

在数字经济背景下,青年职业选择呈现出多样化和多元化的趋势,受到个人兴趣、社会需求和经济环境等因素的共同影响。数字经济的崛起为青年提供了更广阔的职业选择空间,尤其是在新兴数字技术领域。此外,数字经济的快速发展也对青年人的职业观念和职业选择方式产生了深远影响,使得青年更加注重技能培养和创新能力的提升。在数字经济时代,青年人更倾向于灵活、创新的职业路径,例如自主创业、远程办公等。因此,了解并顺应数字经济的发展趋势,有助于青年人更好地把握职业选择的机遇,实现个人发展和社会价值的双赢。

(一)青年职业选择的影响因素

青年职业选择的影响因素是一个复杂而多元化的课题,涉及个人内在特质、家庭背景、社会环境、经济发展等多个方面。

1. 个人因素

青年个人的兴趣、能力、价值观等因素会直接影响其职业选择。首先,个人的兴趣是指个体在特定领域或行业表现出的喜好和倾向。在数字经济时代,新兴技术行业的发展为青年提供了更多选择,例如人工智能、大数据、区块链等领域,因此个人的兴趣就会倾向于与这些领域相关的职业。其次,个人的能力和技能水平也是决定职业选择的重要因素。随着技术的进步，数字经济时代对技术和创新能力的需求日益增加，因此具备相关技能和能力的青年更容易获得与数字经济相关的职业机会。此外，个人的价值观也会影响其对职业的选择，例如追求个人发展、追求高收入、追求社会价值等不同的价值取向可能导致不同的职业选择。

2. 家庭因素

家庭背景和家庭环境对青年的职业选择也具有重要影响。首先，家庭的经济状况和社会地位会影响青年的职业期望和选择。在数字经济时代，某些新兴行业会提供更高的收入和职业发展机会，家庭的经济状况就会因此影响青年对职业的选择。其次，家庭教育对青年的职业发展有着重要影响。家庭对教育的重视程度、家庭成员的职业背景以及家庭教育方式等因素会影响青年的学习态度和职业意识，从而影响其职业选择。

3. 社会因素

社会环境和社会因素对青年职业选择也具有重要影响。首先，社会的价值观和文化传统会影响青年的职业导向和选择。在数字经济时代，社会对创新、科技和数字化的重视程度不断提高，这也在一定程度上影响着青年对职业的选择。其次，社会经济环境和就业市场的变化也会直接影响青年的职业选择。数字经济的兴起为青年提供了更多的就业机会，但同时也带来了新的挑战和竞争。青年在职业选择时需要考虑就业市场的需求和趋势，从而做出符合自身发展和就业前景的职业选择。

（二）数字经济时代青年职业选择的特征

1. 职业选择灵活化

数字经济时代，很多工作机会与就业岗位是由数字技术的发展与数字生态环境所决定的。[①] 如中国信息通信研究院发布的《2020—2021 年数字化就业新职业新岗位研究报告》显示：2020 年微信生态衍生的就业机会达到 3684 万个，微信小程序开发、产品、运营等工作机会超过 780 万个，小程序、企业微信、微信支付等服务商共带动 290 万个就业机会。这些衍生出来的职

① 程春. 数字经济浪潮下大学生灵活就业对策研究[J]. 湖北开放职业学院学报，2023，36(23)：147-149.

业与岗位没有冗长的产业链条，更没有复杂的合作模式，往往不受物理空间的限制，没有线下生产条件要求的制约，甚至没有严格的独占性工作时间限制，工作任务量完全可以根据自己的意愿来确定，而且可以从线上运用自媒体工具便捷地工作，职业或岗位绩效考评与质量监控体系也都依托数字化平台运作，表现得更为隐匿、柔和、迅速，即不需要现实物理空间复杂的组织结构与组织方式就能够遵从一定的规则工作。这种灵活化的就业模式特别适合追求个人时间与空间自由相平衡、追求工作与生活相平衡的青年人。同时，因为青年群体一般能够较为熟练地应用信息技术，所以他们能更加便捷高效灵活地获取新职业信息，并最可能获得新的职业。数字经济时代信息流通迅速，一些新职业信息可能随时会发布出来，青年在赛博空间之中寻找到合作的机会与适宜的职业成为可能，即青年职业选择的空间与范围得以拓展，选择的方式更加便捷与灵活，选择的机会也不断增多。

2. 职业选择个性化

青年的突出特征之一就是求新求奇求异，不愿被束缚，追求自主性。他们喜欢新生事物，喜欢挑战性的工作，甚至勇做时代的弄潮儿。在职业选择中，他们更愿意坚持“我的职业我做主”的自主性原则，表现出敢为人先的明显个性化特征。数字经济时代是一个更为开放、自由与富有创造力的时代，为青年尝试、体验与从事新职业，满足自己的个性选择与追求提供了全新的就业市场。① 2021 年，哔哩哔哩联合 DT 财经发布的《新 360 行:2021 年青年新职业指南》显示，超过 78% 的青年更加青睐符合自己兴趣爱好的新职业，也愿意尝试新职业。随着数字技术的发展，以及新时代人们对美好生活追求多元化的需要，已经衍生出了更多满足经济社会发展新理念、新需要的新兴职业，如测评类、生活规划类、职业代操作类、兴趣圈层服务类、宠物生活服务类、游戏行业类、陪伴类、线下游戏类、形象服务类等，这些新职业为青年提供去尝试、体验与选择的机会。更为重要的是，这些新职业可能与一些青年自己所拥有的兴趣、爱好、专长相一致，符合他们的个性特点与需求，使得他们的内在需求能够得到最大限度的满足，个性与特长能够得到最大限度的发挥，他们的生活乐趣与从事的职业实现有机交融。因为数字技术的

① 郭晓晔，李艳，李长安. 数字经济时代实现大学生高质量充分就业的路径[J]. 山东高等教育，2023，11(6)：18-23.

创新发展与人们对高质量生活品质的追求会不断衍生出更为精细化、多元化的新职业，从而使得越来越多的青年在面临职业选择的时候，不只是考虑基本的生存问题，而是会更多地考虑是否符合自己的兴趣爱好与价值认同，考虑是否能够体现自己生活的品质化追求，考虑是否能够满足展现自我与实现自我价值的需要，而不再是简单地盲从性选择那些被传统观念认可的有地位、有尊严的职业。

3. 职业选择多元化

数字经济时代为青年个人职业选择带来了更多的便利性条件，职业选择的灵活性与自主性明显增强。多元化的职业选择成为青年职业选择的常态。近几年，有关“斜杠青年”话题成为学术界探讨的热点、社会大众讨论的焦点。斜杠青年的出现不只是因为青年群体特立独行的青春特征使然，更是数字经济发展到一定程度必然会出现的一种职业样态，是“在当代信息网络化社会场、就业灵活化社会场、组织扁平化社会场的综合作用下兴起的”。而且随着数字经济的发展，不只是青年群体会出现“斜杠”现象，其他群体也会出现相应的职业样态。身处数字经济时代，发达的数字技术可以让市场与商业运作模式更加灵活与便捷，企业或商家可以将更多的工作任务进一步分解与打散，人们完全可以采用更为便捷的信息技术与手段，有时间、有精力、有条件、有能力在不同职业间寻找更适合自己的天地。这种多元职业的整合性选择模式会给青年带来更多的职业体验与探索，他们会更加自主性地追求自己想要的职业生涯，不只是解决经济独立与自我生存的问题，更是挖掘多种潜能、实现多种可能性的现实途径与手段。

（三）数字经济对青年职业选择的影响

在数字经济时代，青年人面临着越来越多的职业选择，这些选择受到数字化转型的深刻影响。数字经济不仅塑造了新兴行业，也给传统行业带来了变革。数字经济对青年职业选择的影响主要体现在以下几方面。

1. 技术驱动与职业多样性

在数字经济时代，技术的快速发展成为青年职业选择的主要驱动力之一。特别是人工智能、大数据分析和云计算等领域的兴起，为青年提供了更广泛的职业选择机会。这些新兴技术的发展不仅带来了新的行业和职业，还改变了传统行业的业务模式，促使青年人更加倾向于涉足具有创新性和科技性质的职业领域。青年人在数字经济时代更容易获得与这些新兴技术相关的职业机会，例如数据科学家、人工智能工程师、区块链开发者等，这反映了技术驱动对于职业多样性的推动作用。随着技术的不断进步和应用，青年人将有更多的机会选择并投身于各种创新性和前沿性的职业领域，为数字经济的发展注入新的活力和动力。

2. 创业机会与创新精神

在数字经济时代，青年人面临着更多的创业机会。新技术的涌现为创业者提供了从零开始构建创新业务的机会，而数字经济的发展也为创业者提供了更广阔的市场和更多的发展空间。青年人在数字经济时代更加倾向于追求创新精神和创业机会，他们积极参与初创企业，成为数字创业者，致力于探索新的商业模式和业务领域。这种创新精神不仅推动了经济的发展，也为青年提供了更灵活的职业发展路径。通过创业，青年人可以更好地发挥自己的创造力和创新能力，实现自我价值的最大化，并为社会经济的持续发展做出贡献。因此，创业机会与创新精神在数字经济时代成为青年职业选择的重要因素，也为他们带来更广阔的职业发展前景。

3. 跨界与跨文化合作

在数字经济时代，传统产业界限被打破，不同领域之间的交叉融合变得更加普遍。这种趋势促进了跨界与跨文化合作的发展，为青年人提供了更广泛的职业选择和发展机会。青年人在职业选择时更容易涉足跨界领域，例如数字艺术、数字营销、科技法律等，这些领域的发展不仅提供了更多的职业选择，还鼓励了不同文化、不同领域之间的合作与创新。在数字经济时代，跨界合作不仅是一种趋势，也是一种必然，这种合作方式有助于各行各业之间的资源共享、技术交流和创新合作，推动了经济的多元化发展。因此，青年人在数字经济时代更加倾向于涉足跨界领域，这为他们提供了更广阔的职业选择和更丰富的发展机会，也为数字经济时代的发展注入了新的活力和动力。

4. 弹性工作与远程办公

在数字经济时代，灵活的工作模式如弹性工作和远程办公变得越来越普遍。这种工作模式与数字化技术的发展密切相关，使得人们可以更加灵活地安排工作时间和地点。特别是对于青年人而言，这种灵活的工作模式更符合他们对工作生活平衡的追求，使他们更容易选择适应自己生活方式的职业。[①] 数字经济时代的工作灵活性有助于提升职业满意度，因为它使青年人能够更好地平衡工作与生活的需求、更好地发挥个人的潜力。此外，弹性工作和远程办公也为青年人提供了更多的工作机会和职业选择，使他们能够在更广阔的范围内寻找适合自己的职业发展路径。因此，数字经济时代的工作灵活性对青年人的职业选择产生了积极影响，吸引着越来越多的青年人投身于这一新型的工作模式。

（四）青年在数字经济时代的职业偏好和趋势

在数字经济时代，青年人的职业偏好和趋势受到多方面因素的影响，包括技术发展、社会需求、个人价值观等。

1. 科技驱动与创新导向

在数字经济时代，科技驱动和创新导向成为青年人职业选择的重要趋势。随着数字经济的迅速发展，青年人更加倾向于从事科技领域的职业。这种趋势与数字化技术的广泛应用和高科技产业的迅猛发展密切相关。青年人对于从事人工智能、大数据分析、云计算等领域的职业更感兴趣，因为这些领域代表着未来的科技发展方向，具有较高的创新性和前瞻性。科技驱动和创新导向的职业选择反映了青年人对于数字经济时代的职业发展趋势的认知和把握，他们积极追求在科技创新领域中发挥自己的才能和创造力，为数字经济的持续发展贡献力量。

2. 创业倾向与自主发展

在数字经济时代，创业成为越来越多青年人的选择。数字化技术的普及和互联网的发展为创业提供了更广阔的平台，青年人更容易利用互联网和社交媒体进行市场拓展和品牌推广。他们更加倾向于追求自主创业，实现个人梦想和价值，而不仅仅是依靠传统的就业模式。创业倾向与自主发展成为数字经济时代青年人职业偏好和趋势的一个显著特征。在这种趋势下，青年人更加注重个人的创新能力和领导才能，积极寻求创业机会，并愿意承担起创业的风险与挑战。他们希望通过创业实现自己的理想和抱负，获得更大的自主权和发展空间，从而在数字经济时代迎接更广阔的职业发展机遇。

---

① 银丽萍，蔡宜颖，胡梦朵．新业态下青年灵活就业质量研究［J］．科技和产业，2023，23（23）：172-176.

3. 灵活工作与远程办公

在数字经济时代,青年人更加重视工作的灵活性和自由度。他们更倾向于选择可以灵活安排工作时间和地点的职业,例如远程办公、自由职业等。这种灵活的工作模式使他们能够更好地平衡工作与生活的需求,提升工作效率和生活质量。在数字经济时代,随着互联网和信息技术的发展,远程办公已经成为一种普遍的工作模式。青年人通过远程办公可以更加自由地选择工作地点,不再受限于传统的办公场所。这种工作模式不仅能够提高青年人的工作效率,还能够减少通勤时间,降低生活成本,提升生活质量。

4. 社会责任与可持续发展

在数字经济时代,青年人更加关注社会责任和可持续发展,他们更倾向于选择那些注重环保、社会责任和可持续发展的企业和职业。① 在职业选择上,他们更倾向于选择与社会价值相符合的行业和职业,积极参与环保、公益等社会活动,体现出了更高的社会责任感和公民意识。在数字经济时代,企业社会责任已经成为企业可持续发展的重要方面。青年人通过选择关注社会责任的职业,既能够实现个人的职业发展,又能够为社会做出积极的贡献。

三、数字经济背景下青年职业发展

在数字经济背景下,青年职业发展面临多重挑战和机遇。数字经济的快速发展催生了新兴职业类型,使得青年人在职业选择和发展中面临更广泛的可能性。新兴技术的涌现,如人工智能、大数据、云计算等,为青年提供了更具创新性和科技性质的职业路径。与此同时,数字化转型也要求青年具备跨学科的综合能力、创新性和灵活性,以适应快速变化的职业环境。

(一)数字经济对职业发展的挑战和机遇

在数字经济蓬勃发展的背景下,青年面临着一系列新的挑战和机遇。这种数字化转型不仅影响着传统行业的发展,也塑造了新兴行业的职业发展模式。以下是数字经济对青年职业发展的挑战和机遇的一些主要方面。

① 张颖. 普通本科学生职业生涯规划教育现状调查研究:以 W 学院为例[J]. 吉林农业科技学院学报,2023,32(6):11-14,30.

1. 挑战

第一,技术变革带来的职业转型。数字经济时代以技术创新为驱动,涌现了许多新兴技术和行业,如人工智能、大数据、物联网等。这种技术变革不仅改变了传统行业的生产方式和业务模式,也带来了职业结构的深刻变化。许多传统职业面临着被淘汰或转型的风险,需要不断学习新技能和适应新环境。

第二,就业压力与岗位匹配问题。随着数字经济的发展,职业市场对人才的需求也发生了变化。一方面,新兴产业的快速发展为青年提供了更多的就业机会;另一方面,技术进步和自动化可能导致部分传统岗位的消失。因此,青年面临着就业压力和岗位匹配的挑战,需要不断提升自身竞争力,适应职业市场的变化。

第三,跨学科能力与综合素养需求。数字经济时代需要具备跨学科能力和综合素养的人才,例如,除了专业技能外,青年还需要具备良好的沟通能力、团队合作能力、创新能力等综合素养。① 这对传统教育体系和职业培训提出了新的要求,需要有针对性地培养青年的综合能力。

第四,缺少传统经济下职业成长的参照系。经由数字技术与实体经济的不断融合,新职业打破了传统经济下原有职业的时空边界和雇佣关系,使得从业者的工作场所、方式和内容更加的多元与灵活。一项工作任务,参与者可以通过协作、接力、共享、分包、非全职等形式灵活地完成,因此在数字经济快速发展的当下,青年很容易在各个新职业中找到志趣相投的"圈层"。传统意义上的灵活就业也可能基于个体的兴趣和社群的开源而演变为"趣源合作",于是从之前的被动接受它,转变成为许多青年人主动选择的就业方式。很多年轻人因同时从事多项兼职而成为"斜杠青年"。尽管新经济时代下更加复合化的分工模式带来的是一场全新的个人身份革命,但与"新"相伴的往往是不确定性和焦虑感。听起来不够体面及其导致的家人不支持,虽然造成了短期的焦虑,但是新职业成长基础相对薄弱以及类似传统经济下劳动者与用人单位之间相对标准化的雇佣关系难以维系,由此导致青年很容易感到职业成长的参照系缺失,才是影响他们从事新职业的长期焦虑所在。

---

① 杨卿,马凌,刘畅.数字经济促进大学生高质量就业的作用机制与实现路径研究[J].江苏科技信息,2023,40(36):71-73.

第五，新职业劳动者权益保障不足，导致青年缺乏职业安全感。在传统的农业或工业经济时代，特定岗位通常对应特定职责和特定个体，而在数字经济时代的很多职业场景中打破了岗位与个体的固定联结，即数字经济领域的新职业不再以岗位而是以任务为导向，任务的完成可以根据需要以网签加盟、合作合营、众包分包等形式被解构，原先某个岗位的任务可由若干个体协同完成，某个个体也可同时适配若干岗位。基于此，平台企业与青年从业者之间越来越多地构建了一种新型的用工模式，在这种模式下平台企业与青年从业者通常很少签订劳动合同，因此相较于传统意义上的劳动关系而言，这一方面使得新职业的劳动关系比较模糊，另一方面也造成保障青年从业者权益的难度大大增加。平台企业不会为其办理各项社会保险，青年从业者自然无法获取劳动报酬之外的权益，如合理的工作时间与对加班的限制、任务合理的交付时间与工作安全保护，这使得新职业的从业者担忧未知的职业风险，导致青年群体缺乏职业安全感。

第六，青年容易忽视职业精神的养成。随着数字技术对社会化大生产和人们生活的影响日益加强，引起了职业形态和就业方式发生巨大变化，导致青年灵活就业的比例上升以及工作短期化与项目化比例的提高，加之受"技术至上主义"和"社会功利主义"的影响，部分青年容易形成把"素能本位"变为"技能本位"，把"德技并修"理解为"技能至上"，其主要的表现为缺少对法律底线、安全意识、劳动纪律、合作能力、就业忠诚度等职业精神层面的自我学习和自我管理。例如近些年连续爆出的青年网络主播（互联网营销师）巨额偷逃税案件、企业青年员工（数据库运行管理员）通过植入木马程序远程操控监守自盗转卖企业数据库数据的案件，以及青年就业取向功利化、诚信意识淡薄、缺少合作精神、跳槽频繁等。毋庸置疑，只重职业技能的提高而忽视职业精神的养成，容易使得青年职业发展的后劲不足。

2. 机遇

第一，新兴行业的职业机会。数字经济时代催生了许多新兴行业和职业机会，如人工智能工程师、数据科学家、云计算专家等。这些新兴行业不仅提供了丰富的职业选择，还为青年提供了广阔的发展空间和前景。

第二，技术创新带来的创业机会。数字经济时代的技术创新为创业者提供了更多的机会。青年人在数字经济时代更容易利用新技术和互联网平台进行创业，实现自己的创业梦想。这种创业机会不仅有助于创新精神的培养,也为青年提供了更多的发展路径和可能性。

第三,灵活的工作模式和生活方式。数字经济时代催生了灵活的工作模式和生活方式,如远程办公、自由职业等。这种灵活的工作模式不仅符合青年人追求工作生活平衡的需求,也提供了更多的工作选择和自主发展空间。

综上所述,数字经济时代既带来了诸多挑战,也为青年职业发展带来了新的机遇。面对数字经济时代的职业发展,青年人需要不断学习、积极适应,不断提升自身素质,抓住机遇,应对挑战,实现自身的职业发展和成长。

(二)青年职业发展的阶段和路径

在数字经济的时代,青年职业发展面临着独特的挑战和机遇。这一时代的特点在于技术的迅猛发展、市场的全球化以及职业领域的多样性。青年人在职业发展中既要面对技术更新带来的挑战,也要抓住数字经济带来的机遇,灵活应对职业发展的阶段和路径。

在数字经济的背景下,职业发展呈现出多阶段的特点。首先,青年人在职业生涯的初期往往面临职业选择和定位的阶段。随着技术的不断演进和新兴行业的崛起,他们需要更加深入了解自己的兴趣和优势,明确职业目标。其次,青年人在职业生涯中逐渐进入成长和专业发展的阶段。在这个阶段,他们需要不断学习和提升自己的技能,适应行业发展的节奏,拓展职业网络。最后,青年人进入职业发展的成熟阶段。在这一阶段,青年人已经积累了丰富的工作经验,并逐渐确定了自己的职业定位和发展方向。相较于前期的职业探索和成长,成熟稳定阶段注重的是更加深入的专业发展和职业成就。

另外,青年职业发展的路径也变得更加多样和灵活。在数字经济时代,传统的职业发展路径已经被打破,青年人可以选择更加个性化和创新性的发展道路。例如,一些青年人选择创业,通过互联网平台搭建个人品牌,实现自主发展。另一些青年人更倾向于跨界发展,融合不同领域的知识和技能,成为具有综合素养的职业人才。同时,随着远程办公和弹性工作的普及,一些青年人选择成为自由职业者,通过远程工作实现更加灵活的生活方式。

总之,数字经济时代为青年职业发展提供了更多元的选择和更广阔的空间。在面对挑战时,青年人需要保持对技术的敏感性,不断学习更新的知识和技能;在把握机遇时,他们应该勇于创新,灵活运用自己的优势,找到适合个人发展的独特路径。随着数字经济的不断发展,青年人的职业发展也将不断迎来新的机遇和挑战。

(三)青年职业发展的成功因素和关键技能

青年职业发展的成功与否,不仅取决于其技术能力和学历,还与其拥有的成功因素和关键技能密切相关。在数字经济时代,青年人需要具备一系列成功因素和关键技能,才能在竞争激烈的职场中脱颖而出,实现职业生涯的成功和可持续发展。

1.成功因素

(1)自我意识和定位。成功的职业发展始于对自身的清晰认知和定位。青年人需要了解自己的兴趣、价值观和职业目标,明确自己想要从事的行业和领域,以及未来的职业发展方向。有清晰的职业定位能够帮助他们更有针对性地规划职业发展路径,避免盲目选择和迷茫。

(2)积极的学习态度。成功的职业发展需要不断学习和提升。青年人应保持积极的学习态度,不断充实自己的知识和技能,跟上时代的发展和变化。他们应该主动获取新知识,开阔视野,提升专业素养,以适应职场的变化和挑战。

(3)持续的自我提升。成功的职业发展离不开持续的自我提升和能力提升。青年人需要不断反思和总结工作中的经验和教训,不断挑战自我,不断突破自己的能力和局限,以提升个人的竞争力和职业发展水平。

(4)有效的沟通与人际关系。成功的职业发展不仅需要个人的专业能力,还需要良好的沟通技巧和人际关系。青年人应该注重提升自己的沟通表达能力、团队合作能力和领导能力,建立良好的人际关系和团队合作氛围,为自己的职业发展奠定良好的基础。

2.关键技能

(1)数字素养和科技能力。在数字经济时代,数字素养和科技能力是基础中的基础。青年人需要掌握数字化工具的使用,了解大数据、人工智能等前沿科技,以便更好地适应数字化转型的职业要求。①

---

① 郭晓晔,李艳,李长安.数字经济时代实现大学生高质量充分就业的路径[J].山东高等教育,2023,11(6):18-23.

(2)创新思维和问题解决。面对职场上的挑战,创新思维和问题解决能力是关键技能。青年人应该培养独立思考、创新思维、解决问题的能力,从而更好地适应职业发展中的复杂情境。

(3)团队合作和领导力。职场中,团队合作是必不可少的,而领导力则是更高阶的技能。青年人应培养团队合作精神,学会协调合作,同时发展自己的领导力潜力,为未来职业的发展打下坚实基础。

(4)跨文化沟通。全球化时代要求职场人士具备跨文化沟通的能力。青年人应学习尊重和理解不同文化背景的同事,提高跨文化沟通的敏感性,以更好地适应国际化的职业环境。

第二节　数字经济背景下地方应用型高校学生职业规划面临的现实困境

一、职业规划意识淡薄,重视程度较低

在数字经济的背景下,地方应用型高校学生职业规划面临着重大挑战。其中之一是学生的职业规划意识淡薄,重视程度较低。这一现实困境凸显了对职业规划的认识不足以及对未来职业发展的不重视,需要深入了解和解决。

(一)对职业规划的认知不足

在当今数字经济背景下,地方应用型高校学生职业规划意识淡薄、重视程度较低的问题引起了广泛关注。其中,对职业规划的认知不足是造成这一现象的重要原因之一。

第一,职业规划的认知不足是指学生在对职业规划的理解和认知上存在着一定程度的欠缺。这种不足主要体现在几个方面:①学生对于职业规划概念的理解较为模糊。职业规划并不仅仅是选择一个职业或工作,而是一个系统性的过程,包括对自身的认知、职业目标的设定、职业路径的规划

和实施等多个环节。[①] 然而，由于对职业规划概念的理解不够深入，很多学生认为职业规划只是选择一个职业方向，而忽视了其中包含的更多因素和环节。②学生对于职业规划的重要性认识不足。在传统的教育模式下，学校往往将学业成绩作为衡量学生成功与否的主要标准，而忽视了对学生职业规划的引导和培养。因此，很多学生对于职业规划的重要性认识片面，认为只要完成学业就能够顺利就业，而忽视了职业规划对于个人职业发展的重要性和作用。③学生对于职业规划所涉及的技能和知识了解不足。职业规划涉及个人的价值观、兴趣爱好、能力素质等多个方面，需要学生具备一定的自我认知和分析能力。然而，由于学校教育主要注重学科知识的传授，很少对学生进行职业规划相关的培养和教育，导致学生对于职业规划所需技能和知识了解不足，缺乏应对职业规划挑战的能力。

第二，学生对职业规划的认知不足还表现在他们缺乏对职业市场和职业发展的深入了解。这种不足主要体现在几个方面：①学生对职业规划的概念理解模糊。在传统教育模式下，职业规划往往被简化为“就业”或“找工作”，而忽视了其更深层次的含义。职业规划是一个系统性的过程，涉及个人的价值观、兴趣爱好、能力素质等多个方面。然而，由于传统教育模式对职业规划的轻视，学生缺乏对其真正意义的认知，认为只要完成学业即可，对职业规划的重要性认识不足。②学生对职业市场和职业发展的了解不足。随着数字经济时代的来临，职业市场日新月异，新兴行业层出不穷，职业发展路径日益多样化和复杂化。然而，许多学生对于职业市场的认知仍停留在传统行业和职业上，缺乏对数字经济时代职业市场的了解，对未来职业发展趋势缺乏敏锐的洞察力。这导致他们对新兴职业的认知不足，不了解新兴行业的发展前景和就业机会，从而影响了他们的职业规划意识和能力。

第三，学生对职业规划的认知不足还表现在他们缺乏对自身优势和发展方向的清晰认知。在职业规划过程中，了解自己的优势和劣势、兴趣和价值观至关重要。然而，由于缺乏对自身的深入反思和认知，许多学生对自己的优势和发展方向存在认知上的模糊和不确定性，难以有效地进行职业规划。

---

① 王佳卉. 职业生涯规划在大学生就业指导工作中的应用研究[J]. 产业创新研究，2023(21)：173-175.

(二)就业压力导致对职业规划的忽视

在数字经济背景下,尤其是在当今社会,就业压力一直是许多青年学生面临的一个严峻挑战。这种压力来自多个方面,包括经济形势、社会环境等。这种激烈的竞争环境往往导致学生对职业规划的忽视,他们更加注重眼前的学业压力和应对考试成绩,而忽略了对未来职业发展的规划和准备。以下是导致学生对职业规划忽视的主要原因。

第一,社会竞争激烈是导致学生对职业规划忽视的重要因素之一,社会对于学历和考试成绩的过度强调也进一步加剧了学生的就业焦虑和竞争压力。在当前社会,许多企业对于招聘要求学历层次较高,甚至直接将学历作为招聘的门槛,这使得学生们更加注重追求高学历,从而在学业上花费更多的时间和精力,而不是去了解职业市场的需求和趋势,或者进行职业规划和准备。

第二,社会对于求职者经验和技能要求的不断提高也使得学生们更加注重获取实践经验和技能,而忽视了职业规划的重要性。许多学生为了提高就业竞争力,更倾向于通过参加各种实习或者兼职来积累工作经验,而较少关注职业规划的制定和实施。这使得他们在应对职业市场的挑战时,缺乏明确的职业目标和规划,从而导致就业压力进一步加剧。

第三,教育体制和教育资源的不足也是导致学生对职业规划忽视的原因之一,在一些地区和学校,职业规划教育并不充分,学生缺乏对职业规划的正确认识和指导。[①] 同时,一些学校的教育资源有限,无法为学生提供必要的职业规划指导和支持,导致学生对职业规划的重视程度较低。

第四,一些学生缺乏对未来职业发展的清晰认知和目标。他们对自己的兴趣、能力和职业方向缺乏深入的思考和了解,导致他们在选择职业和规划未来发展时感到迷茫和困惑。这种缺乏目标和规划的状态使他们更容易忽视职业规划,而只关注眼前的学业压力和应试成绩。

二、职业定位不清晰,职业认知存在误区

在数字经济背景下,地方应用型高校学生职业规划面临着一系列现实

---

① 陈捷.大学生职业规划现状及其影响因素[J].黑龙江科学,2023,14(17):98-100.

困境,其中之一是职业定位不清晰,职业认知存在误区。学生缺乏对不同行业和职业的深入了解,并对个人能力与兴趣的认知不足,导致对自身职业发展方向的模糊和困惑。这种情况需要深入了解和解决,以帮助学生明确自己的职业定位,更好地规划未来的职业发展。

(一)缺乏对行业和职业的深入了解

在数字经济时代,职业市场的变化日新月异,新兴行业层出不穷,而传统行业也在不断演进。然而,许多学生对各个行业和职业的全面了解程度并不足够,缺乏深入的认知和了解,这给他们的职业规划带来了诸多挑战和困扰。

第一,缺乏对行业发展趋势的了解使得学生难以把握职业发展的方向。首先,学生对新兴行业的了解不足是导致其职业定位不清晰的重要因素之一。随着数字经济的崛起,许多新兴行业如人工智能、大数据分析、物联网等蓬勃发展,成为就业市场的热门方向。然而,由于缺乏对这些新兴行业的深入了解,学生往往对于这些行业的工作内容、发展前景以及所需技能了解不足,难以确定自己的职业兴趣和发展方向,导致职业定位不清晰。其次,学生对传统行业的认知也存在不足之处。虽然数字经济带来了许多新兴行业的机遇,但传统行业如制造业、金融业等仍然占据着重要地位。然而,许多学生对于传统行业的发展趋势和现状了解不足,缺乏对这些行业的全面认知,使得他们在职业选择和规划中存在盲区。他们会忽视一些传统行业依然存在的就业机会,造成职业选择上的局限性和单一性。最后,学生对行业发展趋势的了解不足也影响了他们对于未来职业发展的规划。由于缺乏对行业发展趋势的全面了解,学生往往难以准确判断不同行业的发展前景和就业趋势,导致他们在职业规划中缺乏前瞻性。他们盲目跟风选择当前热门的行业或职业,而忽视了未来可能出现的行业变化和就业机会,导致职业规划的不稳定性和局限性。

第二,缺乏对不同职业的工作内容和要求的了解使得学生难以做出合理的职业选择。每个行业和职业都有其独特的工作内容、技能要求、发展前景等,但许多学生对于这些信息了解不足。例如,他们不清楚在人工智能行业从事数据相关的工作需要具备哪些技能和知识,或者在金融行业从事风险分析师需要具备哪些专业背景和工作经验。这使得学生在职业选择时缺乏依据和方向,容易盲目跟风或做出不理性的决定。

第三,缺乏对不同行业工作环境和文化的了解也给学生的职业规划带来了不确定性。不同行业有着不同的工作文化、价值观和工作氛围,这些因素也会影响学生的工作满意度和职业发展。然而,由于缺乏对行业的深入了解,许多学生无法准确评估自己是否适应某个行业的工作环境,导致其在职业选择和发展上存在迷茫和不确定性。

(二)对个人能力与兴趣的认知不足

在数字经济背景下,地方应用型高校学生在职业规划中存在着个人能力与兴趣的认知不足的问题。这一问题的存在会影响学生的职业选择、就业方向以及未来职业发展的稳定性和成功性。以下将对这一现实困境进行详细探讨。

地方应用型高校学生往往对自身的能力与兴趣缺乏深入认知。这一部分源自学校教育体系的局限性,另一部分源自个人对自身认知的不成熟。在学校教育中,通常更侧重于传授专业知识和技能,对于学生个人特质和发展方向的引导相对较少。学生没有足够的机会去探索和了解自己的兴趣爱好、特长和潜在能力。这样一来,学生往往无法清晰地识别出自己的职业偏好和发展方向,导致其对个人能力与兴趣的认知不足。

在社会环境中,个人能力与兴趣的认知受到多方面的影响,其中社会舆论和家庭期望是两个主要的因素。这些外在因素可以在很大程度上塑造学生对自己的能力和兴趣的认知,从而影响他们的职业规划和选择。首先,社会舆论对于不同职业和行业的评价和认知,会影响学生对个人能力和兴趣的认知。在一些社会群体中,某些职业被视为更为优越或者更有前景,而另一些职业则被贴上负面标签或被低估。这种社会舆论的影响使得学生对自己的能力和兴趣产生偏差的认知,导致他们更倾向于选择社会认可度较高的职业,而忽视了自身真正的兴趣和潜能。其次,家庭期望对于个人能力与兴趣认知的影响也是不容忽视的。家庭期望使得学生更倾向于选择与家庭期望相符合的职业方向,而忽视了自身的真实需求和追求。因此,在这样的社会环境下,学生往往会受到外界因素的影响,缺乏对个人能力和兴趣的清晰认知。

此外,一些学生可能缺乏对不同职业的全面了解,导致对个人能力与兴趣的认知不足。在数字经济时代,新兴行业和职业层出不穷,而传统行业也在不断发生变革。然而,学生可能只对一些主流行业和职业有所了解,对于新兴行业和职业的认知较为匮乏。这使得他们很难根据自身的兴趣和能力做出正确的职业选择，可能会选择不适合自己的职业方向，从而影响其未来的职业发展。

三、职业规划准备不足，职业方向模糊

在数字经济背景下，地方应用型高校学生职业规划面临着职业规划准备不足，职业方向模糊的现实困境，学生缺乏必要的职业规划知识和技能，对自己的职业方向认识模糊，无法清晰地规划自己的职业发展道路。[①] 这种现象不仅影响学生的职业选择，也制约他们未来的职业发展和就业竞争力。因此，有必要深入了解这一问题，为学生提供有效的帮助和支持，帮助学生更好地进行职业规划和准备。

（一）缺乏实际职业规划的行动计划

在数字经济背景下，地方应用型高校学生在职业规划方面面临着一系列挑战和困境，其中之一是缺乏实际职业规划的行动计划。以下将对这一现实困境进行更详细的探讨和分析。

1. 课程设置不足，导致缺乏与实际职场相关的实践经验和职业技能培训

这一现实困境对学生的职业发展产生了深远的影响。首先，地方应用型高校的课程设置往往偏重于理论学习，而忽视了实践性和职业技能的培养。许多课程主要侧重于学科的基础理论知识，缺乏将这些理论知识应用于实际职场的机会。这使得学生在课堂上虽然学到了一定的理论知识，却缺乏将这些知识转化为实际工作能力的机会。其次，由于缺乏与实际职场相关的实践经验，学生往往对不同行业的工作内容和职业技能了解不足。在数字经济时代，许多新兴行业如人工智能、大数据分析等涌现出来，而传统行业也在数字化转型中不断创新。然而，学生缺乏与这些行业相关的实践经验，往往无法了解这些行业的工作内容、技能要求以及发展趋势，导致他们在职业选择和规划上缺乏针对性和前瞻性。最后，缺乏实际职场相关的技能培训也是一个问题。在高校课程中，很少有针对性地培养学生在实际职场中所需的专业技能和软技能。这些技能包括但不限于沟通能力、团

① 曹胜男. 数字经济背景下大学生创新创业的发展机遇[J]. 活力，2023，41(21)：175-177.

队合作能力、问题解决能力等,而这些能力在职业发展中同样至关重要。然而,由于课程设置不足,学生无法充分获得这些技能培训,从而在实际职场中可能面临困难和挑战。

2. 师资力量不足和教学资源匮乏,对学生的职业规划和发展构成挑战

教师队伍的不足导致学校缺乏专业的职业规划师和指导老师,无法为学生提供必要的职业规划支持和指导。同时,教学资源的匮乏也限制了学校在职业规划方面的发展和提升,影响了学生的职业发展。首先,地方应用型高校往往缺乏具有丰富职业规划经验和知识的专业人士。职业规划是一项综合性的工作,需要具备丰富的行业知识和实践经验。然而,由于地方应用型高校的师资力量相对薄弱,很多教师缺乏职业规划方面的专业背景和经验,无法为学生提供专业的指导和支持。这使得学生在职业规划方面缺乏实际的指导和帮助,难以做出明智的职业选择。

3. 缺乏对职业市场和行业发展的准确了解

随着数字经济的发展,职业市场日新月异,新兴行业层出不穷,但许多学生对于这些行业的发展趋势和未来就业前景缺乏准确的了解。他们可能会受制于传统观念或信息不足,而没有及时了解到新兴行业的发展机遇和职业选择的多样性,从而无法制订与时代发展相适应的职业规划行动计划。

因此,针对学生缺乏实际职业规划行动计划的问题,地方应用型高校应加强对学生的职业规划指导和辅导,为他们提供更多的实践机会和行业信息,帮助他们更好地了解职业市场和行业发展趋势,制订切实可行的职业规划和行动计划,从而更好地适应数字经济时代的职业发展要求。

(二)对未来职业发展缺乏具体目标和规划

对未来职业发展缺乏具体目标和规划是地方应用型高校学生在数字经济背景下职业规划面临的一项现实困境。这一困境主要表现在学生对自身职业发展方向缺乏明确的认识和规划,导致其职业目标模糊不清,无法有效地为未来的职业发展做准备。

第一,在数字经济时代,职业选择的范围变得更加广泛,涵盖了多个不同的领域和岗位。然而,由于学生往往无法明确自己未来的职业方向,从而导致职业目标的模糊不清。例如,一些学生对数字经济领域的各种职业岗位了解不够,无法确定自己感兴趣的方向,导致无法做出明确的职业规划。

第二,随着数字经济的迅速发展,职业市场呈现出多样化和动态化的特

点，对学生的职业规划提出了更高的要求。然而，一些学生缺乏对职业市场的深入了解，无法准确把握职业市场的趋势和需求，导致其制定的职业规划缺乏针对性和实际性。例如，一些学生可能只关注于某一具体领域或行业的热门岗位，而忽略了其他领域或行业的发展前景，从而导致职业规划的局限性和不全面性。

第三，学生也会受到外部环境和压力的影响，导致其职业目标的模糊和不确定性。在数字经济时代，社会竞争压力加大，学生面临着来自家庭、学校、社会等多方面的职业期待和压力。然而，一些学生由于外部环境和压力的影响，缺乏清晰的职业规划和目标，仅仅为了应对压力而选择某一职业方向，而非基于自身兴趣和能力做出理性的职业选择。这种情况下，学生的职业目标往往是模糊和不确定的，无法为未来的职业发展做出有效的准备。

总之，地方应用型高校学生在数字经济背景下职业规划面临着对未来职业发展缺乏具体目标和规划的现实困境。学校和社会应该加强对学生的职业指导和辅导，帮助他们树立明确的职业目标，制定科学合理的职业规划，为未来的职业发展做好充分准备。

四、职业辅导体系不完善，就业指导未落实

在数字经济背景下，地方应用型高校学生职业规划面临着职业辅导体系不完善，就业指导未落实的现实困境。部分学校的职业指导体系存在缺失或不足，导致学生在职业规划和就业准备过程中缺乏有效的指导和支持，这一现象影响了学生的职业发展和就业前景，呼吁加强学校的职业辅导体系建设，提供更加全面、有效的职业指导，帮助学生顺利实现职业规划和就业目标。①

（一）学校职业指导资源不足

在地方应用型高校中，学校职业指导资源不足，会给学生的职业规划带来一系列的困扰。

1. 缺乏足够的职业规划顾问和指导老师

专业人士在学生职业规划过程中扮演着至关重要的角色。然而，由于

---

① 卢岚岚，赵泽龙，王静. 职业生涯规划视角下大学生就业对策研究[J]. 淮南职业技术学院学报，2023，23(2)：61-63.

资源有限或者学校未能充分认识到职业规划的重要性，导致学校职业指导中心的人手匮乏。首先，地方应用型高校通常面临着财政资金不足的挑战。这导致学校在职业规划顾问和指导老师方面的招聘和培养受到限制。聘请和培养专业的职业规划顾问需要一定的经费支持，包括薪资、培训、研究等方面的投入。然而，受到财政压力的影响，学校往往在这方面的投入有限，导致职业指导资源的匮乏。其次，一些地方应用型高校缺乏对职业规划重要性的充分认识。在一些学校中，职业规划被认为是次要的或是可有可无的，学校更加关注学术研究或者传统的教学任务。这种认知上的偏差导致了对职业指导资源的投入不足，以及对职业规划顾问和指导老师角色的低估。最后，一些地方应用型高校存在管理和组织方面的问题。管理层缺乏对职业规划的全面认识，无法有效地组织和分配相关资源，也无法为职业指导中心提供足够的支持和关注。这使得职业规划顾问和指导老师在学校内部的地位和作用受到影响，难以发挥他们的专业优势和影响力。

2. 学校职业指导中心缺乏及时更新的职业信息和就业市场动态

在数字经济时代，职业发展日新月异，新兴行业不断涌现，职业市场的需求也在迅速变化。然而，由于学校职业指导资源不足，相关信息更新不及时，学生难以获取最新的职业动态和市场需求，从而影响他们的职业选择和规划。首先，许多地方应用型高校的职业指导中心人手不足，缺乏专业的职业规划顾问和信息采集人员。这些专业人士应该具备对职业市场和行业发展趋势的深刻了解，能够为学生提供及时准确的职业信息和就业市场动态。然而，由于人手不足，学校职业指导中心无法及时更新职业信息，导致学生面对的信息落后，难以做出理性的职业选择。其次，部分地方应用型高校的职业指导中心缺乏与企业、行业和就业市场的密切联系。这使得学校无法及时了解企业和行业的招聘需求、职业技能要求以及就业市场的变化趋势。缺乏与外部环境的有效对接，学校职业指导中心很难提供与实际需求相符的职业信息和就业指导，从而影响了学生的职业选择和规划。最后，一些地方应用型高校的职业指导中心缺乏专业的信息采集和分析人员。这些人员应该具备对职业市场和行业发展的敏锐洞察力，能够及时收集、整理和分析各类职业信息和就业市场动态，为学生提供准确全面的信息支持。然而，由于缺乏这样的专业人员，学校职业指导中心无法及时更新职业信息和就业市场动态，影响了学生的职业选择和规划。

（二）就业指导缺乏个性化服务

就业指导缺乏个性化服务是地方应用型高校学生职业规划面临的一项重要问题。个性化服务在职业规划中至关重要，因为每个学生的兴趣、能力、经历和目标都是独特的，需要量身定制的指导和支持。然而，在许多地方应用型高校，由于各种原因，就业指导往往缺乏个性化服务，给学生的职业规划带来了挑战。

就业指导中心的工作方式和流程在一定程度上缺乏灵活性和针对性，这是地方应用型高校学生职业规划面临的另一个重要问题。在一些学校中，就业指导中心可能采用统一的工作模式和流程，忽视学生的个体差异性，导致个性化服务无法得到有效实施。[①] 首先，一些地方应用型高校存在过度依赖标准化的职业测评工具的问题。尽管职业测评工具可以帮助学生了解自己的职业兴趣、性格特点和适合的职业方向，但不同的学生拥有不同的人生经历、学习背景和职业志向，单一的测评工具往往无法全面考量学生的特点和需求，而过度依赖这些工具会忽视学生的个体差异性。导致个性化服务的缺失。其次，一些学校的就业指导流程过于僵化。学校规定了固定的就业指导流程和步骤，对于学生个体的实际需求缺乏灵活性。例如，学校规定了特定的就业指导课程安排和内容，而无法根据学生的具体情况进行调整。这种情况下，学生无法得到针对性的就业指导，无法根据自身情况制定个性化的职业规划。最后，一些地方应用型高校缺乏针对性的就业指导策略。就业指导中心过于一般性地提供职业建议，而忽视了学生不同专业背景、不同兴趣爱好和不同职业志向的差异性。这种情况下，学生无法得到针对性的职业建议，无法根据自身情况制定个性化的职业规划，导致职业发展目标模糊不清。

另外，由于就业指导人员的专业知识和经验不足，就业指导中心的个性化服务水平不高。地方应用型高校可能由于资源有限或其他原因，难以聘请到具有丰富职业规划经验和专业知识的就业指导人员。这些就业指导人员缺乏对不同行业和职业的深入了解，无法为学生提供针对性的职业建议和就业指导。这种情况下，学生往往无法得到有效的个性化服务，就业指导中心的服务质量参差不齐，无法满足学生的个性化需求。再者学校职业指

① 时伟. 大学生职业规划现状与对策探究[J]. 数据，2023(1)：119-120.

导中心的资源和人力有限，无法为每位学生提供个性化的服务。地方应用型高校面临着资金、人员和时间等方面的限制，无法为每位学生提供充足的个性化支持。这导致学校职业指导中心往往只能提供一揽子的指导方案，难以满足学生个性化的需求，从而影响了职业规划的实效性。

五、师资队伍数字技能不足，课程设置不够科学

在数字经济蓬勃发展的时代，地方应用型高校学生面临着职业规划的新挑战，其中一项重要的困境是师资队伍数字技能不足，课程设置不科学。部分学校的教师面临着数字经济领域专业知识的不足，导致无法为学生提供与时代发展同步的职业指导。同时，课程设置滞后于职业市场的需求，使得学生在求学过程中难以获取最新的、实用的数字技能。这一现象影响了学生在数字经济领域的职业竞争力，呼唤学校在师资培养和课程设计上进行更加科学的调整，以更好地适应数字经济时代的职业需求。

（一）教师缺乏数字经济领域的专业知识

教师在地方应用型高校的教育体系中扮演着关键的角色，他们不仅负责传授学科知识，还承担着指导学生职业发展和培养学生综合能力的重要责任。然而，许多教师缺乏数字经济领域的专业知识和经验，这给教学工作和学生的职业规划带来了一系列挑战。

部分地方应用型高校的教师队伍缺乏数字经济领域的专业知识和经验。随着数字经济的崛起，相关技术和概念不断涌现，包括（但不限于）大数据分析、人工智能应用、云计算架构等。这些领域的知识迅速更新，要求从业者具备持续学习和适应的能力。然而，一些教师因为学科专业或教育背景的局限性，难以及时了解和掌握数字经济领域的最新动态，从而在教学中无法为学生提供前沿、实用的知识。另外，数字经济领域的复杂性和多样性也增加了教师在该领域获取专业知识的难度。大数据、人工智能等涉及多个学科，要求从业者具备跨学科的知识结构。然而，一些教师专业背景较为狭窄，无法涵盖数字经济领域的各个方面，导致他们在教学中缺乏全面性和深度性。

缺乏数字经济领域的专业知识会影响教师对课程内容的理解和教学质量。教师作为课堂教学的主导者，他们的理解和掌握程度直接影响着学生对于学科内容的掌握和理解。然而，缺乏相关专业知识的教师难以对数字

经济领域的新兴技术和行业趋势进行深入的解释和讲解。他们无法通过丰富的案例和实例来说明概念,也无法结合实际应用场景进行教学,这导致学生对数字经济领域的认知和理解程度不足,无法全面把握学科知识的核心。

缺乏数字经济领域的专业知识也影响教师对学生的指导和辅导。教师在学生的职业规划和发展方面扮演着重要角色,他们应该能够提供有针对性的职业建议和规划,帮助学生选择适合自己发展的职业方向。然而,由于缺乏相关专业知识,教师无法准确了解当前数字经济领域的职业发展趋势和就业市场需求,也无法提供有效的职业指导。这使得学生在职业规划过程中缺乏专业性的建议和指导,做出不合理或者不符合个人兴趣和能力的职业选择,影响了他们未来的职业发展路径。

总之,教师缺乏数字经济领域的专业知识会影响到教学质量、学生的学习效果以及职业规划的准确性。因此,地方应用型高校需要加强教师队伍的培训和引进,提升教师的数字经济领域专业知识和教学水平,以更好地满足学生的学习和职业发展需求。

(二)课程设置与职业需求脱节

课程设置与职业需求脱节是地方应用型高校在数字经济背景下学生职业规划面临的现实困境之一。数字经济领域的发展速度快,技术更新换代迅速,职业需求也随之不断调整和更新。然而,部分地方应用型高校的课程设置相对固化,难以及时跟进行业动态,导致学生在校期间学习的内容与实际职业需求存在较大差距。这种差距体现在课程内容、教学方法、实践环节等方面。

在课程内容方面,一些课程存在过于注重传统理论知识的现象,忽视了数字经济领域的新技术和新趋势。例如,一些学校的计算机科学课程仍然以传统的编程语言为主,而缺乏对于人工智能、大数据分析等新兴技术的系统性学习。这使得学生在毕业后面临数字经济领域的实际工作挑战时,缺乏必要的技术储备和应用能力,影响其职业竞争力。

在教学方法上,也存在着未能及时适应数字经济领域的发展需求的问题。数字经济领域强调实践能力和创新思维,而传统的课堂教学往往以传授理论知识为主,缺乏与实际应用相结合的教学方式。这导致学生在校期间缺乏实践经验和创新能力的培养,难以适应数字经济领域职业的实际需求。

在课程设置上，也存在缺乏针对性的实践环节，无法与数字经济领域的职业实践相匹配的问题。一些学校的课程设置过于理论化，缺乏实践环节或者实践环节设置不足，使得学生在校期间无法获得与数字经济领域相关的实际工作经验和技能培养。这使得学生在毕业后往往面临实践能力不足的问题，难以胜任数字经济领域的职业岗位。

这些问题导致学生在毕业后面临就业压力和适应困难。毕业生发现自己缺乏与数字经济领域相关的实际工作经验或者专业技能，从而无法满足雇主的要求。例如，他们缺乏最新的技术知识、工具和方法，或者缺乏与数字经济领域相关的实际项目经验。这使得他们在求职过程中竞争劣势明显，需要通过额外的培训或学习来弥补在校期间的知识不足。

总之，地方应用型高校需要重视课程设置与职业需求之间的对接，及时调整和更新课程内容和设置，以更好地培养适应数字经济领域需求的高素质人才。只有这样，学校才能提高就业率、保障学生的就业质量，增强学校的声誉和竞争力，为学生的职业发展和学校的长远发展创造更加有利的条件。

六、政府保障措施不到位，社会支持力度不足

在数字经济背景下，地方应用型高校学生在职业规划方面面临着诸多困境，其中之一是政府保障措施不到位，社会支持力度不足。学生在职业发展过程中需要政府和社会的支持和帮助，然而，现实中政府对学生职业规划的政策支持有限，社会对学生职业规划的关注度不高，缺乏相应的资源和服务。[①] 这种现象限制了学生职业发展的可能性，增加了他们面对职业选择和就业挑战时的不确定性，呼吁政府和社会各界加强对学生职业规划的政策和资源支持，为他们的职业发展提供更加稳定和可持续的保障。

（一）缺乏政府对学生职业规划的政策支持

缺乏政府对学生职业规划的政策支持是地方应用型高校学生职业规划面临的一大挑战。在当今数字经济时代，职业规划已经成为学生就业和职业发展过程中的关键环节之一。然而，政府在这方面的政策支持不足，给地

① 王克明. 精准就业引导下大学生职业生涯规划指导的措施分析[J]. 人才资源开发，2022(22)：65-67.

方应用型高校学生的职业规划带来了一系列问题和困难。

政府在地方应用型高校学生职业规划方面的政策支持存在明显不足，这导致学生缺乏必要的职业发展机会。随着数字经济的迅猛发展，诸如人工智能、大数据分析、云计算等新兴行业正成为职场的热门领域。然而，地方应用型高校学生在这些领域的就业机会相对较少，部分原因在于政府尚未针对这些新兴行业制定出具体的政策支持措施。例如，缺乏针对数字经济领域的专项就业培训计划或就业补贴政策等。这使得地方应用型高校往往无法为学生提供相应的培训和支持，使他们难以适应这些新兴行业的就业需求，从而影响了他们的职业发展路径。这一现象不仅限制了学生的职业选择范围，还使其错失了在数字经济领域中获得职业成就的机会。

政府缺乏对地方应用型高校学生职业规划的政策支持也在一定程度上影响了教育质量和教学资源的配置。政府的政策支持对于高校提供相关专业课程、引进数字经济领域专业教师、建设实践教学基地等方面具有重要意义。然而，由于政策支持的不足，部分地方应用型高校在数字经济领域相关课程设置、师资队伍建设等方面面临困难，无法及时跟进行业发展趋势，为学生提供充分的教育资源和实践机会。这进一步加剧了学生在数字经济领域职业规划方面的困境，使其在就业市场上的竞争力受到影响。

另外，政府缺乏对学生职业规划的政策支持也导致相关服务体系的不健全。政府在职业规划领域的政策支持能够促进建立完善的学生就业服务体系，包括职业咨询、实习就业指导、职业技能培训等方面的支持措施。然而，由于政策支持的不足，一些地方应用型高校的学生就业服务体系较为薄弱，相关服务资源匮乏，无法为学生提供全面的职业规划和就业指导支持，进而影响了学生的职业发展和就业前景。

政府缺乏针对数字经济领域的就业培训计划或就业补贴政策等，也影响了学生在职业规划过程中的积极性和主动性。在数字经济时代，学生需要具备与时俱进的专业知识和技能，以适应职业市场的需求。然而，由于缺乏相关政策的支持，学生缺乏获得这些知识和技能的途径和机会，降低了他们的就业竞争力和发展潜力。首先，缺乏针对数字经济领域的就业培训计划，使得学生在校期间无法接触到与数字经济相关的实践经验和专业技能培训。数字经济的发展要求从业人员具备丰富的数字技术知识和应用能力，然而，缺乏专门的培训计划，学生无法系统地学习和掌握这些技能，从而影响了他们的职业发展。其次，缺乏就业补贴政策也使得学生在职业规划过程中缺乏积极性和主动性。学生面临的就业压力和生活成本较高,特别是在数字经济领域,竞争激烈且工作机会相对较少。缺乏就业补贴政策意味着学生在选择就业岗位时更加被动,只能接受薪酬较低或不太理想的工作,而不是根据自身的职业兴趣和发展需求来选择最合适的岗位。这种缺乏政策支持的情况就会导致学生对职业规划的信心和决心减弱。缺乏政府对数字经济领域的就业培训计划和就业补贴政策等的支持,学生就会感到就业前景不明朗,缺乏动力去积极地规划和努力实现自己的职业目标。[①] 这对于个人的职业发展以及整个社会的经济发展都会产生消极的影响。

(二)社会对学生职业规划的关注度不足

社会对地方应用型高校学生职业规划的关注度不足,是一个令人担忧的现实问题。这种缺乏关注的现象源于多种因素,包括社会舆论、资源分配、社会价值观念等方面的因素。

在当今社会,职业规划对个人未来的发展至关重要,然而,社会舆论对职业规划的漠视或忽视就会导致关注度不足的现象。在一些社会环境中,学生完成学业后的职业选择并不被广泛视为是一项重要的议题。相反,更多的关注集中在学业成绩、升学考试,或者其他社会评价指标上。这种偏向性的舆论影响使得职业规划未能成为社会关注的焦点,从而导致学生在职业发展方面缺乏社会的关心和支持。这种社会舆论对职业规划的漠视或忽视可能根植于传统的教育和就业观念之中。在一些地区,人们普遍认为学生完成学业后的选择主要是升学或就业,而对于职业规划的重要性了解不足。在这样的社会观念影响下,学生就会面临来自家庭、社会和学校等多方面的压力,而忽视了对自身兴趣、能力和未来发展的深入思考与规划。此外,社会舆论对职业规划的漠视或忽视也会受到职业发展环境的影响。在一些地方,特定行业的发展相对滞后,职业选择相对单一,导致人们对职业规划的关注度不高。相比之下,在发展较为活跃的行业或地区,更容易引起社会对职业规划的关注,因为职业发展的多样性和前景更加广阔。

资源分配不均也是导致社会对学生职业规划关注度不足的原因之一。一些地方应用型高校所在地区存在着资源匮乏或分配不均的情况,导致无法建立健全的职业规划服务体系。例如,缺乏职业规划相关的社会组织或

---

① 孙艺萌. 大学生职业规划与就业指导分析[J]. 人才资源开发,2022(20):74-76.

志愿者服务，无法为学生提供更多的职业指导和咨询服务。这种资源的匮乏使得学生在职业规划方面缺乏外部支持和帮助，增加了他们在职业发展道路上的困难。

第三节　数字经济背景下地方应用型高校学生职业规划发展的影响因素

一、个人层面：主观与客观双向因素

（一）主观因素

1. 个人兴趣与价值观

在地方应用型高校学生职业规划发展中，个人层面的主观因素起着至关重要的作用。其中，个人兴趣与价值观是其中的关键因素之一。个人兴趣是指个体在特定领域内所表现出来的喜好、爱好和倾向，而价值观则是指个体所持有的关于人生目标、职业追求和社会责任等方面的理念和信念。

第一，个人兴趣是影响学生职业规划的重要因素之一。每个人都有自己独特的兴趣爱好和偏好，这些兴趣往往会在选择职业时发挥重要作用。如果一个学生对某个领域充满热情并且乐意投入其中，那么他们会更倾向于选择与该领域相关的职业。例如一个学生对艺术与设计有浓厚的兴趣，那么他可能更愿意选择从事相关的职业，如艺术家、设计师、艺术教育工作者等。因此，个人兴趣在决定职业选择和规划方向时具有重要意义。

第二，个人价值观也会对职业规划产生深远影响。价值观是指个体对于人生价值、职业追求和社会责任的认知和取向。一个人的价值观会影响他们对不同职业的偏好和选择。例如，对于一些注重社会责任感和公益意识的个体来说，他们更倾向于从事与公益事业相关的职业，如社会工作者、志愿者组织者或公益活动策划者等。而对于一些注重物质利益和事业成功的个体来说，他们更倾向于选择那些薪酬丰厚、晋升空间大的职业。

总之，个人层面的主观因素，在地方应用型高校学生的职业规划中起着至关重要的作用。这些因素影响着学生对不同职业的偏好和选择，直接影响着他们未来的职业发展路径和方向。因此，在进行职业规划时，个人应该

充分考虑自己的兴趣和价值观，并结合个人的特长和优势，选择适合自己的职业道路。[①] 同时，学校和社会也应该重视并支持学生的个人发展，提供相关的指导和帮助，帮助他们更好地规划未来的职业发展。

2. 职业认知与自我定位

在地方应用型高校学生职业规划发展中，个人层面的主观因素之一是职业认知与自我定位。这涉及个人对不同职业的认知程度，以及对自己在职业生涯中的定位和发展目标的理解和把握。

第一，职业认知指的是个人对各种职业的了解和认识程度。这涵盖了个人对职业的基本信息、工作内容、发展前景、薪酬水平等方面的认知。一个对职业有深入了解的人往往能够更清晰地判断该职业是否符合自己的兴趣和能力，从而更准确地进行职业选择和规划。然而，许多地方应用型高校的学生缺乏对不同职业的全面了解，特别是对新兴行业和数字经济领域的职业认知可能较为薄弱。这一方面是因为学校课程设置的局限性，导致学生在校期间接触到的职业信息有限；另一方面，是学生自身对职业市场了解不足，缺乏主动获取相关信息的意识和能力。因此，提升学生的职业认知水平，帮助他们更全面地了解不同职业的特点和要求，是促进地方应用型高校学生职业规划发展的重要举措之一。

第二，自我定位是指个人对自己在职业生涯中的定位和发展目标的认知和把握。这包括对自己的能力、兴趣、价值观以及未来职业发展方向的清晰理解和自我认知。一个清晰的自我定位有助于个人更好地选择适合自己的职业路径，并制定相应的职业规划。然而，在地方应用型高校中，存在着学生对自己的定位不清晰的情况。这一方面是他们缺乏对自身优势和特长的认知，另一方面是他们对不同职业的了解不够深入，无法准确定位自己适合的职业方向。因此，加强学生的自我认知和定位能力，帮助他们更好地了解自己的优势和发展潜力，是促进学生职业规划发展的关键之一。

（二）客观因素

1. 学业表现与成绩水平

学业表现与成绩水平是影响地方应用型高校学生职业规划发展的重要

---

① 刘梦鑫. 新时代大学生职业规划能力培养路径研究［J］. 产业与科技论坛，2022，21（18）：187–188.

客观因素之一，学生在校期间的学习成绩和表现直接影响着他们的就业竞争力和未来职业发展。①

第一，学业表现和成绩水平在一定程度上反映了学生的学习能力和专业素养。优秀的学业表现通常意味着学生具备较强的学习能力和专业技能，能够在学校课程中取得优异成绩。这种学业表现不仅可以增加学生的自信心，还有助于他们获得更多的学术荣誉和奖学金，提升其在学校内的知名度和声誉。这些优秀的学业表现和成绩水平为学生未来的职业发展打下了坚实的基础，使他们更具竞争力和吸引力。

第二，优秀的学业表现和成绩水平对学生未来的就业和职业发展具有重要意义。许多用人单位在招聘过程中会将学生的学业表现和成绩作为重要的参考指标之一。优秀的学业成绩不仅可以增加学生在用人单位眼中的竞争力，还能为他们争取到更好的职业发展机会和待遇。一些知名企业和机构往往更青睐学业优秀、成绩突出的学生，认为他们具备较高的工作能力和潜力，更愿意给予他们机会和支持。

学业表现和成绩水平也会对学生的职业规划和发展产生一定的限制和影响。一些学生会因为学习成绩不佳而受到就业的影响，面临着就业困难和挑战。特别是在竞争激烈的职业市场中，用人单位往往更倾向于选择学业表现优异、成绩良好的学生，而对学业成绩不佳的学生持观望态度。这会导致学业成绩不佳的学生在就业过程中遇到一定的困难，需要付出更多的努力来提升自己的竞争力。因此，对于地方应用型高校的学生而言，重视学业表现和成绩水平的提升至关重要。

2. 家庭背景与经济条件

家庭背景与经济条件是影响地方应用型高校学生职业规划发展的重要客观因素之一。学生所处的家庭环境和经济条件直接影响着他们的学业成果、职业选择和发展方向。

第一，家庭背景对学生职业规划的影响主要体现在学习氛围和家庭教育的影响上。来自不同家庭背景的学生，在学习态度、学习习惯和学业动力等方面会有所不同。良好的家庭教育和学习氛围通常能够促进学生形成良

① 姜欣言.积极心理学视域下大学生职业生涯规划的研究[J].江西电力职业技术学院学报，2022，35(8)：134-136.

好的学习习惯和自律能力,提升他们的学业表现。相反,一些学生由于家庭环境的不利因素,如家庭经济困难、家庭关系紧张等,可能导致学习动力不足、学业成绩不佳。

第二,经济条件在学生职业规划中也发挥着重要作用。家庭经济条件的优劣直接影响着学生的生活水平、学习条件和职业选择。经济条件优越的学生会更加从容地进行学业规划,拥有更多的选择权和机会。他们可以选择更优质的教育资源,参加更多的学术活动和实践项目,提升自己的学业能力和竞争力。相反,家庭经济困难的学生可能会面临更多的挑战和困难。他们可能需要兼职工作来减轻家庭负担,从而影响了他们的学业表现和学习效果。此外,家庭经济条件还会影响学生选择学校、专业和就业方向。一些家庭经济条件较差的学生可能会优先考虑就业,而不是选择追求个人兴趣和发展的专业。

第三,家庭背景和经济条件也会影响学生的职业期望和职业选择。来自优越家庭背景和经济条件的学生更容易选择受到社会认可和薪酬优厚的职业方向,如医生、律师、金融从业者等。而来自经济困难家庭的学生就会更倾向于选择稳定性较强、薪资待遇相对较低但不需要太高学历的职业,以稳定家庭经济。这种不同的职业选择也会影响到学生的职业发展轨迹和未来的职业发展方向。

二、学校层面:"三重三轻"现象

(一)重形式轻内容:注重学历证书而忽视实际能力

重形式轻内容是指地方应用型高校在学生职业规划发展中更注重学历证书,而忽视了学生的实际能力。这种现象会对学生的职业发展产生负面影响,因为职场需要的不仅仅是学历,更需要具备实际操作能力、解决问题的能力以及团队合作能力等。

第一,地方应用型高校存在着过分追求学历证书的数量和档次的问题。在学校的教育体系中,学生的学历成为衡量其学习成绩和综合素质的主要标准。因此,学校会加大对学生学历证书的重视,甚至为了提高学校的知名度和排名而采取一些措施,如推动学生报考高级证书、组织学生参加竞赛等。这种偏向于追求学历证书的现象使得学生更加关注于获取证书,而忽视了对专业知识的深入学习和实践能力的培养。

第二,实际能力在一定程度上被边缘化。在应对就业市场的压力下,一些学生更关注学历证书,而忽视了实际能力的培养。他们通过各种途径获得证书,但在实际操作能力、解决问题的能力以及团队合作能力等方面表现欠佳。这种情况导致学生在职业发展中遇到困难,因为现实工作环境需要的是能够解决问题、具备实际操作能力的人才,而不是仅拥有一纸学历证书的人。

第三,一些学校存在过分强调课堂教学和理论知识传授的现象,这就忽视了实践教学和实际操作能力的培养。学生在学习过程中更多地接触到书本知识,而缺乏实际的操作和实践经验。这种情况会导致学生毕业后在实际工作中遇到困难,因为他们缺乏实际操作能力,无法快速适应职场环境并胜任工作任务。

总之,地方应用型高校存在的重形式轻内容现象会影响学生的职业发展和就业能力。因此,学校应该加强对学生实际能力的培养,注重实践教学和实际操作技能的培养,使学生具备更好地适应职场需要的能力,提高其职业竞争力。

(二)重短期轻全程:偏重短期培训而忽视长期职业发展

在地方应用型高校学生职业规划发展过程中,一种突出的现象是学校倾向于偏重短期培训,而忽视了学生的长期职业发展,这对学生的职业规划和发展产生深远影响。

1.偏重短期培训的原因

地方应用型高校更加注重为学生提供短期培训的原因有以下几种。①就业压力:面对日益严峻的就业形势,学校和学生都面临着巨大的就业压力。为了迅速提高学生的就业竞争力和满足用人单位的需求,学校更倾向于为学生提供短期培训,以强化其就业技能。②资源限制:地方应用型高校面临资源有限的情况,包括师资、设施和资金等方面的限制。在有限的资源下,学校就会更倾向于开设短期培训项目,以最大限度地满足学生的需求,同时节约资源。③应对市场需求:随着职业市场的快速变化,新兴行业和职业不断涌现,对就业者的技能和能力提出了更高的要求。为了应对市场的需求,学校更注重为学生提供短期培训,使其能够迅速适应市场的变化。

2. 忽视长期职业发展的影响

这种偏重短期培训而忽视长期职业发展的现象会对学生的职业规划和发展产生以下影响。①职业短视。过度强调短期培训和就业技能的获取，就会使得学生对于自己的职业规划变得短视，只关注眼前的就业需求，而忽视了长期职业发展的重要性。②就业压力。学校过度侧重短期培训，就会导致学生在毕业后面临更大的就业压力。他们缺乏长期职业规划和发展路径，无法应对职业市场的变化和挑战。③职业不稳定。过度强调短期培训和技能获取，使得学生缺乏对于职业的长期规划和发展，从而导致职业不稳定性增加，频繁跳槽或职业转换的情况就会增多。④职业发展受限。如果学生只关注短期培训和就业技能的获取，而忽视了长期职业发展的规划，就会限制其未来职业发展的空间和可能性，就会陷入职业瓶颈，无法实现个人职业目标。⑤缺乏全面发展。短期培训使得学生在特定领域技能方面得到加强，但缺乏了解其他领域和拓展综合能力的机会，从而影响其全面发展和综合素质的提升。

总之，地方应用型高校偏重短期培训而忽视长期职业发展的现象，会对学生的职业规划和发展产生负面影响。因此，学校应该在职业规划教育中平衡短期培训和长期职业发展的关系，为学生提供全面的职业规划指导和支持，促进其健康、稳定和持续的职业发展。

（三）重就业轻创业：强调就业而缺乏创业支持

在地方应用型高校学生职业规划发展中，存在着“重就业轻创业”的现象。这一现象表现为学校过于强调学生的就业问题，而忽视了创业的重要性，导致学生在职业规划中缺乏创业意识和支持。

第一，学校在职业规划指导中存在就业观念的单一化。在社会价值观念的影响下，学校普遍将就业视为学生职业规划的主要目标，将其作为成功的唯一标准，这种观念使得学校的职业规划服务偏重于帮助学生寻找稳定的就业机会，而忽视了鼓励学生进行创新创业的重要性。①

第二，学校资源分配倾向于就业指导而忽视创业培育。地方应用型高校更加注重就业相关的资源投入，例如就业指导课程、招聘会组织等，而对

---

① 黄露. 高校大学生职业规划融入创新创业教育的分析[J]. 创新创业理论研究与实践，2022，5(16)：101-103.

创业支持的投入较少。这种资源分配不均使得学校在提供创业相关服务和支持方面存在欠缺,无法激发学生的创业潜能和创新精神。

第三,教育体系中的评价机制也存在着就业导向的倾向。学校的评价机制往往以学生的就业率作为重要指标之一,而忽视了学生的创业情况和创新能力。这种评价机制就会导致学校在培养学生的就业能力方面下了更大的功夫,而对学生的创业能力培养相对不足。

第四,学校对创业教育的重视不足也是造成"重就业轻创业"现象的原因之一。地方应用型高校缺乏创业导师和创业导向课程,无法为学生提供系统的创业培训和指导。缺乏相关资源和支持使得学生在创业规划和实践过程中面临诸多困难,影响了他们的创业意愿和能力。另外,社会对创业的认知和支持也影响学校对创业的态度和支持程度。在一些地区,创业仍被认为是高风险、低回报的选择,相比之下,求职更受社会认可和支持。这种社会氛围影响到学校的创业教育和支持力度,使得学生在职业规划中更倾向于选择就业而非创业。

总之,地方应用型高校应当更加注重创业教育,平衡学生就业和创业发展的关注度。通过提供更多的创业培训和支持,激发学生的创新创业意识,为他们的职业规划提供更多元化的选择,促进他们的全面发展。

三、社会层面:政府与社会保障缺失

(一)缺乏政府对职业规划的政策支持

在数字经济背景下,地方应用型高校学生职业规划发展缺乏政府的政策支持。一方面,缺乏政府对职业规划的政策支持直接导致地方应用型高校学生职业规划活动的断断续续。政府的政策支持通常会为职业规划活动提供持续的资金支持和政策保障,保障职业规划活动的持续性和稳定性。然而,由于政府对职业规划的政策支持不足,地方应用型高校就会难以保障职业规划活动的持续开展,使得学生在职业规划过程中无法得到持续的指导和帮助。另一方面,政府对职业规划的政策支持不足也会导致职业规划服务的质量和水平不高。政府的政策支持通常会为职业规划服务提供必要的资源和支持,保障职业规划服务的专业性和有效性。然而,由于政府对职业规划的政策支持不足,地方应用型高校就会缺乏相关的资源和支持,难以提供高质量的职业规划服务,影响学生的职业发展。

综上所述，缺乏政府对职业规划的政策支持是影响地方应用型高校学生职业规划发展的重要因素之一。政府在职业规划方面的政策支持程度直接影响着地方应用型高校学生职业规划服务的质量和水平，对学生的职业发展也产生重要的影响。因此，加强政府对职业规划的政策支持，提高职业规划服务的质量和水平，对于促进地方应用型高校学生职业规划发展具有重要意义。

（二）社会保障体系不健全，缺乏对学生职业发展的支持

社会保障体系的健全程度直接关系到地方应用型高校学生的职业发展，尤其在数字经济时代。缺乏健全的社会保障体系对学生的职业规划和发展产生负面影响。

第一，社会保障体系不健全导致学生在职业发展过程中面临风险时缺乏应对的保障。缺乏完善的社会保障体系，例如医疗保障、养老保障等，使得学生在面对意外事故、突发疾病或者失业等风险时无法获得有效的保障和支持。[①] 这种情况下，学生就会更加谨慎地选择职业发展路径，避免选择具有一定风险的创业或自主经营的职业，从而限制了他们的职业选择范围，影响了其职业规划的多样性和灵活性。

第二，社会保障体系不健全在一定程度上加重了学生的经济负担，影响其职业发展的选择和决策。在一些地区，由于社会保障体系不健全，学生需要承担较高的医疗费用、住房租金以及其他生活成本。这使得学生在职业发展过程中更加倾向于选择稳定的就业机会，而放弃了对创业或不够稳固的职业的发展道路的探索。因此，社会保障体系不健全会使学生的职业发展路径更趋于保守，限制了其职业发展的广度和深度。

第三，社会保障体系不健全也影响学生的职业发展动力和积极性。缺乏完善的社会保障体系，使得学生在面对职业发展中的风险时缺乏应对的支持，就会导致他们对于职业发展的积极性和信心受到影响。在这种情况下，学生会更加倾向于选择稳定的就业机会，而对于创业或其他具有一定风险的职业发展选择持保守态度，影响了他们的职业发展路径和发展潜力。

---

① 张璟，熊伟. 新形势下大学生职业生涯规划促进就业的对策分析[J]. 文山学院学报，2022，35(3)：106-109.

总之,社会保障体系的不健全是影响地方应用型高校学生职业发展的一个重要因素。缺乏完善的社会保障体系会使得学生在职业发展过程中面临更多的风险和困难,降低了他们的职业发展积极性和信心,对促进学生的职业发展具有一定的阻碍作用。因此,加强社会保障体系的建设,提高社会保障水平和覆盖范围,对于促进地方应用型高校学生职业发展具有重要的意义。

第四章

数字经济背景下地方应用型高校学生职业规划的有效策略

第一节　学校层面的策略

一、构建适应数字经济时代的职业指导体系

（一）加强专业课程设置与更新

为了适应数字经济时代的职业需求，学校应加强对专业课程的设置与更新。

学校可以根据当前和未来的行业需求，增设与数字经济相关的专业课程。数字经济涉及的领域广泛，包括但不限于数据分析、人工智能、区块链、云计算等。通过增设这些专业课程，学生可以系统地学习和掌握数字经济所需的核心知识和技能。例如，数据分析是数字经济中不可或缺的一环，学校可以设置相关的课程，教授学生数据收集、数据清洗、数据建模和数据可视化等技术和方法。另外，人工智能作为数字经济的重要驱动力之一，学校也可以增设人工智能相关的课程，培养学生在机器学习、深度学习、自然语言处理等领域的专业能力。通过增设这些专业课程，学校能够更好地满足数字经济时代对专业人才的需求，提升学生就业竞争力。

学校应定期对现有课程进行评估和更新，确保教学内容与行业发展同步。随着科技的快速发展和行业的变化，一些传统的专业课程可能已经无法满足当前的需求。因此，学校需要建立起一套完善的课程评估和更新机制。另外，可以通过与行业企业建立良好的合作关系，邀请行业专家参与课程评估和更新的过程。他们可以提供最新的行业动态和技术趋势，帮助学

校调整和更新课程内容。学校还可以开展定期的教学评估，收集学生和教师的反馈意见，了解课程的优点和不足之处。基于这些反馈意见，学校可以进行针对性的调整和改进，确保教学内容与实际需求相匹配。

（二）拓宽实习与实践机会

实习与实践是学生职业发展的重要一环，它们能够帮助学生将所学知识应用到实际工作中，并提升他们的技能和经验。因此，学校应积极与企业、科研机构等合作，为学生提供更多的实习与实践机会。同时，学校还可以组织各类实践活动，如创业比赛、项目实践等，进一步拓展学生的实践经验。

学校可以与企业建立紧密的合作关系，开展实习项目。通过与企业合作，学生可以在真实的工作环境中接触和应用所学知识，了解行业的运作方式和具体需求。学校可以与企业签署实习协议，明确双方的权责和目标，确保实习过程的顺利进行。此外，学校还可以设立专门的实习指导和管理机构，负责实习项目的策划、安排和评估，为学生提供全程的支持和指导。

学校可以与科研机构合作，开展科研实践项目。科研实践是培养学生科学研究能力和创新精神的重要途径。学校可以与科研机构联合申请科研项目，组织学生参与实际的科研活动中。通过参与科研项目，学生可以学习科学方法、数据分析和实验技巧等，培养解决问题和创新的能力。此外，学校还可以鼓励学生发表科研成果，参加学术会议和比赛，提升他们的学术影响力和竞争力。

（三）强化职业规划指导

学校可以通过职业兴趣测试和能力评估来帮助学生了解自己的职业倾向和潜在优势，职业兴趣测试可以帮助学生发现自己对不同领域的兴趣和偏好，从而更有针对性地选择适合自己的职业方向。[①] 能力评估则可以帮助学生了解自己的技能和能力水平，以便更好地匹配职业需求。学校可以提供这些测试工具，并为学生解读和分析测试结果，帮助他们更清晰地认识自己，做出更明智的职业选择。

---

① 成慧祯. 大学生职业规划与就业指导方法体系创新研究［J］. 科技资讯，2022，20（12）：205-208.

学校应积极收集和提供就业市场信息，包括行业动态、就业趋势、薪资水平等。学校可以建立职业信息中心或者职业发展网站，为学生提供最新的就业市场信息。通过及时了解就业市场的变化和需求，学生可以更好地调整自己的职业规划，提高就业竞争力。此外，学校还可以与企业合作，开展招聘会和校园宣讲会，为学生提供了解不同行业和企业的机会，帮助他们更全面地了解就业环境。

（四）提供创新创业支持

学校可以设立创新创业教育基地，为学生提供创新创业项目的孵化和支持。创新创业教育基地可以提供创业导师指导、创业资源共享以及创业项目资金支持等服务，帮助学生将创意转化为实际的商业项目。① 这样的基地可以是一个创业孵化器或者创客空间，提供良好的创业环境和创新资源，激发学生的创业潜能。

学校可以引入创业竞赛和创业训练营等活动，激发学生的创业热情和实践能力。创业竞赛可以是校内举办的比赛，也可以是参加外部组织举办的创业大赛。通过参与创业竞赛，学生可以提升创业方案撰写、演讲和团队合作等方面的能力，并有机会获得创业项目的启动资金和资源支持。创业训练营则可以是针对学生的短期培训项目，提供创业知识、技能和经验的传授，帮助学生了解创业过程和创业所需的各种要素。

此外，学校还可以邀请成功创业者和行业专家来校开展创新创业讲座和分享经验。成功创业者的故事和经验可以激发学生的创业热情，并为他们提供实践参考和指导。行业专家可以分享最新的创新趋势和商业模式，帮助学生了解创新创业领域的机遇和挑战。这些讲座和分享活动可以促进学生的创新思维和创业意识的培养。

构建适应数字经济时代的职业指导体系对于地方应用型高校学生的职业规划具有重要意义。通过加强专业课程设置与更新、拓宽实习与实践机会、强化职业规划指导、提供创新创业支持以及建立校企合作平台等策略，学校能够更好地帮助学生适应数字经济时代的就业环境，实现个人职业目标的同时，也为地方经济发展培养了优秀的人才。

---

① 张风娟. 双创背景下高校大学生职业发展规划分析[J]. 黑龙江科学，2022，13(7)：37-39.

二、加强数字技术与学生课程教学的深度融合

(一)整合数字技术教育资源

随着数字技术的快速发展,学校应该整合数字技术教育资源,以提供更广泛、高质量的学习机会。这些资源包括在线教育平台、数字图书馆、开放式课程等。通过整合这些资源,学校可以为学生提供丰富多样的数字技术学习内容,满足不同层次和需求的学生。

学校可以借助在线教育平台,提供各种形式的数字技术学习课程。在线教育平台可以提供高质量的教学资源和学习工具,涵盖从基础知识到高级技能的全方位学习内容。学校可以与知名在线教育平台合作,引入其优质课程,为学生提供更为灵活的学习方式选择。此外,学校还可以鼓励教师参与在线课程的制作和分享,将校内的专业知识和教学经验传递给更多的学生。

学校可以建立数字图书馆,收集和整理与数字技术相关的电子图书、期刊论文等资源。数字图书馆可以为学生提供便捷的学习资料和参考文献,支持他们深入学习和研究。学校可以购买或订阅数字化的专业书籍和期刊,为学生提供最新的学术资讯和研究成果。此外,学校还可以鼓励教师开展数字技术相关的研究,并将其成果收录到数字图书馆中,为学生提供更多的学习资源和学术指导。

另外,学校可以引入开放式课程,为学生提供跨学科、实践性强的学习机会。开放式课程通常由多个学科的教师共同组织,涵盖广泛的知识领域和技能要求。这些课程注重实践和项目驱动的学习方法,通过团队合作和实际操作,帮助学生掌握数字技术相关的核心概念和实践技巧。学校可以与其他学校或行业合作,共同开设开放式课程,为学生提供跨界学习和实践的机会。

(二)设计实践新课程

为了加强数字技术与学生课程教学的融合,学校应设计实践性课程,注重培养学生的实际操作能力。这些课程可以帮助学生将所学的理论知识应用到实际项目中,并锻炼他们解决问题和创新的能力。对此,我们提出以下几点建议。

第一,学校可以开设项目实践课程,让学生参与真实的项目开发和实施过程。在这样的课程中,学生可以通过团队合作的方式,从需求分析、方案设计到项目实施,全程参与项目的各个环节。通过实际参与项目,学生能够更深入地了解项目管理、团队协作和沟通技巧等方面的知识和技能。此外,学生还可以通过项目实践课程接触到实际行业和市场需求,为他们未来的职业发展提供宝贵的经验。

第二,学校可以设置实验课程,让学生通过实际操作来理解和掌握数字技术的应用。实验课程可以包括软件开发、网络安全、数据分析等方面的内容。学生可以在实验室或者虚拟实验环境中进行实际的操作和实验,通过亲自动手解决问题和完成任务,加深对数字技术原理和应用的理解。同时,学校可以引入最新的技术工具和设备,提供先进的实验平台,让学生能够接触到最前沿的技术和方法。

第三,为了保证实践新课程的有效实施,学校需要提供相应的支持和资源。首先,学校可以培训教师,提升他们的实践教学能力和专业素养。教师可以参与相关行业的实践项目,积累实践经验,并将其应用到课堂教学中。其次,学校需要提供适当的实践场所和设备,确保学生能够进行充分的实践操作。例如,学校可以建立实验室、创客空间或者项目实践基地,为学生提供良好的学习和实践环境。此外,学校还可以与行业企业建立合作关系,为学生提供实习和就业机会,促进他们将所学知识应用到实际工作中。

(三)引入行业案例教学

为了将数字技术与实际应用相结合,学校可以引入行业案例教学。通过向学生介绍真实的行业案例,让学生更好地理解数字技术在不同领域的应用,并了解相关行业的需求和趋势。同时,学校还可以邀请行业专家来校举办讲座和指导,使学生能够更深入地了解行业实践。

学校可以在课程中引入行业案例,通过案例分析的方式来教授数字技术的应用。教师可以选择与数字技术密切相关的行业案例,例如电子商务、金融科技、智能制造等领域。通过案例教学,学生可以了解具体行业中数字技术的应用场景、解决方案以及面临的挑战。这样的教学方法可以帮助学生将所学知识与实际应用相联系,增强他们的理解和应用能力。

学校可以邀请行业专家来校举办讲座和指导,分享行业实践经验和最新动态。行业专家可以向学生介绍具体行业的发展趋势、技术创新以及就业前景等信息。通过与行业专家的互动，学生可以更深入地了解行业的需求和要求，并获得宝贵的就业指导和职业发展建议。此外，学校还可以组织实地考察和参观活动，带领学生走进企业、科研机构等，亲身感受数字技术在行业中的应用。

（四）开设跨学科课程

为了满足数字经济发展的需要，学校可以开设跨学科课程，将数字技术与其他学科进行融合。通过跨学科教学，学生可以深入了解数字技术在不同领域的应用，同时培养其综合素养和跨学科思维能力。

学校可以开设数字营销课程，将数字技术与市场营销知识相结合。随着数字化时代的到来，市场营销活动越来越依赖于数字技术的支持和创新。数字营销课程可以介绍数字广告、社交媒体营销、数据分析等内容，帮助学生了解数字渠道的运营和市场推广策略。此外，学生还可以学习如何利用数字技术工具和平台，进行市场调研、客户关系管理以及品牌推广等活动。通过数字营销课程的学习，学生不仅可以掌握数字技术的应用方法，还可以了解市场营销的基本原理和实际操作。

学校可以开设数字艺术设计课程，将数字技术与艺术设计相结合。数字技术的发展为艺术设计领域带来了新的创作手段和表现形式。数字艺术设计课程可以涵盖数字媒体艺术、交互设计、虚拟现实等方面的内容，帮助学生掌握数字艺术设计的理论与实践。学生可以学习使用数字软件和工具进行艺术创作，了解数字化媒体的表达方式和艺术审美。此外，学校还可以组织相关的创作活动和展览，鼓励学生将数字技术与艺术设计相结合，创造出独特的艺术作品。

（五）提供实习与创新创业支持

为了加强数字技术与学生课程教学的深度融合，学校应为学生提供实习与创新创业支持。通过与企业合作，为学生提供实习机会，让他们能够将所学知识应用于实际工作中。同时，学校还可以设立创新创业基地，提供为学生创业指导和资源支持，鼓励学生将数字技术应用于创新创业项目。

学校可以与企业建立合作关系，为学生提供实习机会。与企业合作的实习项目可以涵盖不同领域和行业，例如科技公司、互联网企业、金融机构等,学校可以与企业签订合作协议,明确实习项目的目标、内容和时间安排。[①] 通过实习,学生可以将所学理论知识应用于实际工作中,锻炼其解决问题和团队合作的能力,同时了解相关行业的需求和趋势。学校还可以设置实习辅导员或者实习指导小组,提供学生实习期间的指导和支持。

学校可以设立创新创业基地,为学生提供创业指导和资源支持。创新创业基地可以为有创业意向的学生提供孵化、指导和资源共享等服务。学校可以组织创业讲座、创业培训和创业项目竞赛等活动,激发学生的创业热情和实践能力。创新创业基地还可以与企业、投资机构等建立合作关系,为学生提供创业项目的启动资金和资源支持。此外,学校还可以设立创业导师制度,邀请成功创业者和行业专家来校指导学生的创业项目。

加强数字技术与学生课程教学的深度融合对于地方应用型高校学生的职业规划具有重要意义。通过整合数字技术教育资源、设计实践性课程、引入行业案例教学、开设跨学科课程以及提供实习与创新创业支持等策略,学校能够更好地培养适应数字经济时代的人才,使学生具备扎实的数字技术知识和实践能力,在职业发展中取得成功。同时,这也为地方经济发展提供了有力支持。

(六)加快数字化课堂建设

第一,增加对数字化设备的投资。加大对数字教室设施的投入,营造良好的数字环境,构建一个多元化的教学过程、培养学生个性化创造、自主学习的理想平台。数字资源和网络资源作为教学资源的重要组成部分,打破了时间和空间的限制。

第二,提高教师对数字信息认知。当前,数字信息以成为生产关系中重要的要素,向学生提供多元化的教学内容,在大量的数据资源中获得有用的教学资源用于教学过程,是当前教师急需提升的数字能力。

第三,教师对学生学习风格的看法必须改变。目前,虽然信息技术改变了教师的工作和学习方式,但它并没有改变教师的教学观念和方法。这一矛盾导致了学生学习与知识和能力的应用之间的分离——学生从信息生活方式中产生,但按照传统的知识传递模式学习,又回到了信息生活环境中的学习使用。

---

① 王雨濛.高校大学生职业生涯规划现状、问题及对策分析[J].现代商贸工业,2022,43(11):68-69.

第四，未来社会对学生数字技能和数字素养的要求。以信息为基础的学习和生活方式强调信息的获取、选择和应用，需要解决问题、沟通和表达、合作和创造性思维的能力。教师应以学生为主体，利用数字技术改变学生的学习方式，为学生提供适应信息学习方式的教学资源和教育组织形式。

三、注重对高校大学生职业精神的培养与引导

（一）培养积极进取的职业态度

培养积极进取的职业态度是学校教育中的重要任务之一。通过教育和引导，学校可以帮助学生建立正确的职业观念，激发他们的职业热情，并培养他们具备积极进取的态度和行为习惯。

学校可以开设相关课程或组织职业讲座，让学生了解成功职业人士的经历和心得。这样的课程或讲座可以邀请校友、行业专家或企业高管等来校分享自己的职业发展经验。通过听取他们的故事和经验，学生可以获得启发和指导，了解不同职业领域的机遇和挑战。这些经历可以激发学生的职业热情和积极性，帮助他们树立追求卓越的目标和努力奋斗的态度。

学校应鼓励学生主动探索职业领域，培养他们的自我认知和职业规划能力。学校可以组织实践活动，如实习、实训或社会实践等，让学生亲身体验不同职业领域的工作环境和要求。通过实践，学生可以了解自己的兴趣、能力和价值观，并探索适合自己的职业方向。此外，学校还可以提供职业咨询和指导服务，帮助学生制定职业目标和规划，并提供相关的资源和支持。

学校应鼓励学生勇于面对挑战和困难，并具备解决问题的能力。学校可以开设相关课程或组织团队项目，让学生从中体验到团队协作、解决问题和应对挑战的过程。这样的经历可以锻炼学生的坚韧性格和逆境应对能力，使他们具备积极应对工作中的困难和挑战的心态。学校还可以培养学生的创新思维和解决问题的能力，通过培训、竞赛等形式激发学生的创造力和创新精神。

学校应强调持续学习和自我提升的意识。学校可以开设学习方法和职业素养的课程，教授学生如何有效学习、持续自我发展和适应职业发展的变化。学校还可以鼓励学生参与终身学习，如提供学习资源、培训机会或推荐学生参加相关的专业认证考试。通过持续学习，学生可以不断提升自己的技能和知识，保持竞争力，并适应职业发展中的新需求和挑战。

（二）强调职业道德与职业操守

在数字经济时代，职业道德和职业操守的重要性更加凸显。学校应重视培养学生的职业道德观念和职业操守，使他们具备良好的职业道德素养和职业伦理意识。[①] 通过案例分析、讨论和实践活动等方式，学校引导学生正确处理职业中的伦理和道德问题，并加强对其职业操守的教育与引导。

学校可以通过案例分析的方式，让学生了解职业中可能遇到的伦理和道德问题。这些案例可以涉及行业内的真实案例，如隐私保护、数据安全、知识产权等方面的问题。学生通过分析和讨论，深入了解这些问题背后的道德考量和影响，并形成自己的职业道德判断。同时，学校还可以引入职业道德的相关理论和伦理原则，帮助学生建立正确的职业价值观和道德观念。

学校可以组织讨论和辩论活动，让学生就职业伦理问题展开思考和交流。通过讨论，学生可以从不同角度审视职业中的道德问题，了解各种观点和立场，并培养他们的分析和表达能力。此外，学校还可以邀请行业专家、学者或从业人员来校举办讲座和座谈，分享自己的经验和看法，引发学生对职业伦理的思考和思辨。

学校应注重培养学生的职业责任感和社会责任意识。学校可以通过开设相关课程或组织志愿服务活动，让学生了解职业与社会的关系，明确自己在职业发展中的责任和义务。学校还可以通过引入企业社会责任的概念和实践，培养学生的社会责任意识和可持续发展观念。

（三）提供职业规划指导与支持

职业规划对于学生的就业成功至关重要。学校应提供个性化的职业规划指导与支持，帮助学生制定明确的职业目标和规划路径。学校可以设立职业规划中心或专门的辅导机构，为学生提供职业咨询、就业市场信息、职业技能培训等服务。此外，学校还可以邀请行业专家和校友分享经验，帮助学生更好地了解职业发展的实际情况。

学校可以设立职业规划中心或就业指导中心，为学生提供全方位的职业规划指导与支持。这些中心可以配备专业的职业规划师或就业指导员，通过一对一咨询、小组讨论或工作坊等形式，与学生交流和探讨他们的职业

---

① 石猛. 创新大学生职业生涯规划意识的思考[J]. 就业与保障，2022(2)：133-135.

兴趣、价值观和能力，帮助学生明确职业目标，并制订相应的职业规划和行动计划。职业规划中心还可以提供相关的职业测试和评估工具，帮助学生了解自己的职业倾向和适应能力。

学校可以为学生提供就业市场信息和职业发展资源。学校可以与企业、行业协会等建立合作关系，获取最新的就业市场动态和行业趋势，为学生提供相关的就业信息和机会。此外，学校还可以组织招聘活动、职业洽谈会等，为学生提供与用人单位接触和沟通的机会。学校还可以建立校友网络，邀请校友分享职业经验和就业机会，帮助学生了解各行各业的实际情况，并获得求职和职业发展的指导和支持。

学校可以开设职业规划课程或工作坊，帮助学生掌握职业规划的基本知识和技能。这些课程包括职业目标的设定、自我评估和职业调研等内容。通过课程的学习，学生可以了解不同职业领域的就业前景和要求，提升自己的就业竞争力。学校还可以组织职业技能培训课程，提供与职业发展相关的实用技能培训，如求职技巧、面试准备、职业素养等，帮助学生提升就业能力。

（四）强化实践与实习环节

实践与实习是培养学生职业精神的重要途径。学校应加强与企业和社会的合作，为学生提供更多的实践和实习机会。通过参与实际项目、实习经历和社会实践活动，学生可以锻炼自己的职业素养、实践能力和团队合作精神。学校还可以组织行业参观、就业见习等活动，帮助学生更好地了解职业现实和行业需求。

学校可以与企业建立稳定的合作关系，提供实践和实习机会给学生。学校可以与企业签订合作协议，明确实践和实习项目的目标、内容和时间安排。通过与企业的合作，学生可以参与真实的项目中，亲身体验某个具体的职业工作的挑战和机遇。实践和实习经历可以帮助学生将所学知识应用于实际工作中，提升他们的实践能力和问题解决能力。

学校可以设立实习指导员或实践辅导小组，为学生提供实践期间的指导和支持。实习指导员与学生保持沟通，了解实习情况和困难，提供相应的建议和帮助。实践辅导小组组织实践报告或分享会，让学生彼此交流实践经验，互相学习和启发。通过这些支持机制，学校可以更好地关注学生的实践过程，并及时解决他们在实践中遇到的问题和困难。

学校应加强对实践和实习环节的管理和评估。学校可以建立实践和实习的评估机制，对学生的实践过程和成果进行评估和反馈。同时，学校还可以向企业和社会组织征求反馈意见，了解学生在实践中的表现和工作能力。这样的评估和反馈可以帮助学校更好地指导学生的实践活动，并及时调整实践教学的内容和方式。

（五）鼓励创新与创业精神

数字经济时代需要具备创新与创业精神的人才。学校应鼓励学生培养创新思维和创业意识。通过开设创新创业教育课程、提供相关资源和支持，学校可以引导学生从理论到实践，培养他们的创新能力和创业素质。① 此外，学校还可以组织通过创新创业比赛、创业训练营等活动，激发学生的创新创业潜能。

学校可以开设创新创业教育课程，将创新与创业的理论知识融入其中。这些课程涵盖创新思维、商业模式设计、市场分析、风险管理等内容。通过学习这些课程，学生可以了解创新与创业的基本概念和方法，培养其创新思维和商业意识。学校还可以邀请成功创业者、行业专家等来校举办讲座或授课，分享他们的经验和见解，激发学生的创新创业热情。

学校可以提供创新创业资源和支持，帮助学生将创新创业理念转化为实践行动。学校可以设立创新创业基地或孵化器，提供办公空间、设备和资金支持给有创业意向的学生。创新创业基地可以成为学生创业项目的孵化平台，提供创业指导、商业计划辅导等服务。学校还可以与投资机构、企业合作，提供创业项目的融资渠道和资源支持。

学校可以组织创新创业比赛、创业训练营等活动，激发学生的创新创业潜能。创新创业比赛可以为学生提供展示自己创意和创业项目的机会，获得评审和投资机构的关注。创业训练营则可以通过创业导师的指导和团队合作的方式，培养学生的创新创业能力和领导才能。这些活动可以激发学生的创新思维和创业意识，并为他们提供实践锻炼的机会。

注重对高校大学生职业精神的培养与引导对于地方应用型高校学生的职业规划具有重要意义。通过培养积极进取的职业态度、强调职业道德与职业操守、提供职业规划指导与支持、强化实践与实习环节以及鼓励创新与

① 马旭，高山. 高校学生职业生涯规划研究[J]. 秦智，2022(1)：53-55.

创业精神等策略，学校能够更好地培养适应数字经济时代的职业人才，帮助学生实现个人职业目标并为地方经济发展做出贡献。同时，这也为学生未来的职业发展奠定了坚实的基础。

（六）营造良好的职业精神培育环境

第一，着力营造职业精神培养的校园文化环境。在地方应用型高校学生职业精神培养中，校园文化作为对学生具有深远影响的内容起着十分重要的作用。校园文化是学校优良传统的结晶，其所包含的物质层面（如校园基础设施）和精神层面（如校园文化氛围）都对学生起着重要影响。因此，营造丰富多彩的校园文化，将有助于地方应用型高校学生职业精神的培养。地方应用型高校要将校园文化中隐性的德育资源（精神层面的氛围）和显性的德育资源（物质层面的设施）进行有效结合。一方面，地方应用型高校要根据学生的青年特点，开展各种以“敬业、奉献、艰苦奋斗”等为主题的校园活动，通过演讲比赛、征文比赛、专题讲座等形式加以推广，让学生在这种浓厚的文化氛围中加深对职业精神的意识。另一方面，地方应用型高校要加强相关校园硬件设施的建设，增强学校的景观文化品位，突出职业精神内涵，让学生在职业精神的氛围下受到熏陶。良好的校园氛围和学习环境能时时发挥“无声胜有声”的教育作用，会使人产生奋发向上的激情。地方应用型高校可以根据实际情况，将校园的基础设施建设得具有特色。比如校园内的教室、实训基地、楼、路等可以用有密切联系的企业命名或是本行业的佼佼者的名字命名；另外，校徽、校标、校歌和校园网等都是文化和内涵的宣传。校园文化对学生职业精神形成的影响是潜移默化的，同时对地方应用型高校学生良好职业精神的形成也至关重要。

第二，引进企业职业精神的教育和示范。地方应用型高校作为培养具有较强社会适应能力和竞争能力的高素质应用型人才，其培养方式需要从客观实际出发，通过实践来不断对学生进行职业精神教育和示范。因此，地方应用型高校应该在校园的教育文化基础上，通过融入企业的经营文化，进行文化理念的价值吸取，从而有效提升校园文化中的职业内涵。一方面，地方应用型高校可以实施校企对接，打造具有企业特色的职教文化，加强学生对企业、社会的认知度，提升他们对职业精神的了解，从而帮助学生树立正确的职业素养，培养其职业精神。另一方面，地方应用型高校也可以采用企业进校园的方式进行优秀企业文化的传播。如邀请企业中的成功人士到学校进行创业、就业知识讲座，把企业文化和员工的职业精神带进校园，促进校企文化的融合，拉近校园和企业之间的距离，从而实现对学生职业精神的示范教育。另外还可以聘请企业中的专家或技术能手到学校做兼职教师，充实学校的师资队伍。使学生在学习知识的同时，受到良好职业精神的熏陶。

第三，营造职业精神培养的社会大环境。在对地方应用型高校的教学水平评估中，比较注重对院校、师资、专业、实践教学和校园文化等方面规划的具体评估和考核，却没有将职业精神的培养进行明确指标设置，缺乏应有的重视。随着职业精神在社会中的地位逐渐上升，如何提升地方应用型高校的职业精神培养工作是当前社会发展须着重解决的问题。我们需要为地方应用型高校学生职业精神的培养营造一种社会大环境。学生是国家的未来，他们是未来的职业人，因此，对他们职业精神的培养需要全社会共同付出努力，从家庭教育、学校教育出发。针对当前社会、学校教育普遍重视职业能力的培养，忽视对学生职业精神培养的现状，唯有发动全社会参与，营造一种家庭、学校和社会均重视学生职业精神培养的大环境，才能使地方应用型高校培养出更加优秀的具有较好职业精神的学生。

四、建立高效、精准的大学生职业规划服务平台

（一）构建完善的职业信息库

建立一个完善的职业信息库是提供精准职业规划服务的基础。该数据库应涵盖各行业、各岗位的详细信息，包括薪资水平、工作内容、发展前景等。学校可以与企业、行业协会等合作，收集并更新相关数据，确保学生能够获得最新且准确的职业信息。

学校可以与企业建立合作关系，获取各行业的职业信息。学校可以邀请企业代表来校举办讲座或座谈会，了解不同行业的就业需求和趋势。同时，学校还可以与企业合作，开展实习项目或校企合作项目，让学生亲身体验不同职业领域的工作环境和要求。通过与企业的合作，学校可以更好地了解职业市场的变化和需求，并及时更新职业信息库的内容。

学校可以与行业协会、专业机构等建立合作关系，获取行业内的职业信息。行业协会通常具有对行业发展趋势和就业情况的深入了解，他们可以为学校提供相关数据和报告。学校可以邀请行业协会的代表来校举办讲座

或座谈会，分享行业内的最新动态和发展趋势。此外，学校还可以参与行业研究项目或调研活动，与专业机构合作收集职业信息。

学校可以利用现有的技术手段建立职业信息平台。学校可以开发一个在线的职业信息数据库，为学生提供便捷的查询和浏览功能。这个平台可以包括不同行业、不同岗位的详细信息，如薪资水平、工作内容、发展前景等。学校可以通过与企业和行业协会的合作，定期更新和审核数据库中的信息，确保数据的准确性和及时性。此外，学校还可以为学生提供个性化的推荐服务，根据学生的兴趣、能力和目标，为他们匹配适合的职业方向。

此外，学校应定期评估和更新职业信息库的内容。随着社会和经济的变化，职业市场也在不断演变。学校需要与时俱进，及时调整和补充职业信息，以确保学生获得最新、准确的职业指导。学校可以定期与企业、行业协会等合作伙伴进行沟通和交流，了解职业市场的变化和需求，及时更新数据库的内容。

（二）开发个性化的职业测评工具

个性化的职业测评工具可以帮助学生了解自己的职业兴趣、优势和发展方向。学校可以开发在线测评系统或使用已有的专业测评工具，通过学生填写问卷或进行测试，得出个性化的职业建议和推荐。这样的工具可以帮助学生更好地了解自己，制定适合自己的职业规划。

学校可以与专业测评机构合作，采用他们已有的职业测评工具。专业测评机构通常具有丰富的经验和科学的测评方法，他们可以为学校提供可靠和有效的测评工具。学校可以与测评机构合作，购买相应的测评系统或服务，并根据学生的需求进行个性化的测评。通过学生填写问卷或进行测试，测评工具可以分析学生的职业兴趣、人格特征、能力倾向等方面的信息，为学生提供个性化的职业建议和发展方向。

学校还可以开发自己的个性化职业测评工具。学校可以成立专门的研究团队或与相关专业的教师合作，开展职业测评工具的研发工作。这些工具可以基于学校自身的特点和需求，结合最新的职业发展理论和心理学原理，开发适用于学生群体的个性化测评工具。学校可以通过测试、验证和改进，确保测评工具的准确性和可靠性。

无论是使用已有的专业测评工具还是开发自己的测评工具，学校都应注重工具的科学性和可靠性。职业测评工具需要经过严格的设计、测试和验证,确保测评结果的准确性和有效性。同时,学校还应保护学生的隐私权和信息安全,确保他们填写的问卷或进行的测试数据得到妥善处理和保密。

学校还可以将个性化的职业测评工具融入职业规划课程。学校可以开设相关的课程,引导学生了解和使用职业测评工具。通过学习,学生可以了解不同的测评方法和工具,学习如何解读和利用测评结果。课程还可以帮助学生认识到职业规划是一个动态的过程,需要不断调整和更新。

(三)提供一对一的职业咨询服务

一对一的职业咨询服务是大学生职业规划服务平台的重要组成部分。学校可以设立专门的职业咨询中心或聘请专业的职业指导师,为学生提供个性化的职业咨询与指导。通过面谈、访谈等方式,咨询师可以深入了解学生的需求和目标,并给予针对性的建议和指导。

学校可以设立职业咨询中心,为学生提供个性化的职业咨询服务。这个中心可以由专业的职业指导师组成,他们具备丰富的职业咨询经验和专业知识。学生可以通过预约面谈的方式,与咨询师进行交流和探讨。在面谈过程中,咨询师可以倾听学生的职业困惑和需求,了解他们的兴趣、能力和价值观,并根据个人情况提供相应的职业建议和指导。

学校还可以邀请行业专家和有所成就的校友来校提供职业咨询服务。行业专家和校友通常具有丰富的职业经验和行业洞察力,他们可以为学生提供实际的职业建议和指导。学校可以组织座谈会、讲座或工作坊等活动,让学生有机会与专家和有所成就的校友进行一对一的交流和咨询。通过与成功人士的互动和交流,学生可以获得宝贵的经验和建议,帮助他们更好地了解职业发展的实际情况。

建立一个高效、精准的大学生职业规划服务平台对于地方应用型高校学生的职业规划具有重要意义。通过构建完善的职业信息库、开发个性化的职业测评工具、提供一对一的职业咨询服务等策略,学校能够更好地帮助学生进行职业规划,提供精准的职业指导与支持。这不仅有助于学生实现个人职业目标,也为地方经济发展培养了一批优秀的人才。

五、打造数字化实训基地

(一)设立现代化的数字化实训设备

打造数字化实训基地需要配备先进的数字化实训设施。学校可以投资购置最新的计算机、服务器、网络设备等硬件设施，以满足学生在数字经济领域的实践需求。此外，还应建立虚拟实验室和仿真平台，让学生能够进行模拟实验和场景演练，加强他们的实践能力。

学校可以建立一流的计算机实验室和数据中心。计算机实验室应配置高性能的计算机设备，包括服务器、工作站、大容量存储设备等。这些设备可以支持学生进行复杂的计算任务和数据处理。同时，学校还应提供各种常用的软件和开发工具，让学生能够进行编程、数据分析、人工智能等方面的实践操作。

学校可以建立虚拟实验室和仿真平台，为学生提供模拟实验和场景演练的机会。虚拟实验室可以通过虚拟化技术，模拟真实的实验环境，让学生进行实验操作和数据采集。学校可以开发自己的虚拟实验室，也可以利用现有的虚拟化平台。仿真平台可以通过模拟不同的场景和情境，让学生在虚拟环境中进行综合实践和决策演练。

此外，学校还应建立完善的网络设施，提供稳定、高速的网络连接。数字经济时代，网络通信是必不可少的基础设施。学校可以建设高速的校园网，为学生提供畅通无阻的网络环境。学校还可以与电信运营商合作，提供更快速、安全的互联网接入服务。稳定的网络连接可以保证学生在实训过程中的顺畅操作和数据传输。

（二）提供多样化的数字化实训项目

数字化实训基地应提供多样化的实训项目，涵盖不同领域和行业的实践需求。这些项目可以结合实际案例和企业需求，让学生在实践中学习并解决真实问题，提升他们的实际操作能力。

学校可以开设数据分析实训项目。数据分析是数字经济时代的核心能力之一。学校可以建立数据分析实验室，配备专业的数据分析软件和工具。实训项目可以包括数据采集与清洗、数据可视化、统计分析等方面的内容。通过实际的数据分析案例，学生可以掌握数据处理和分析的技能，了解如何从海量数据中提取有价值的信息，并为企业决策提供支持。

学校可以开设人工智能应用实训项目。人工智能是数字经济时代的热点领域，具有广阔的应用前景。学校可以提供相应的硬件设备和软件平台，让学生进行人工智能算法的实践应用。实训项目可以涵盖图像识别、自然语言处理、机器学习等方面的内容。通过参与人工智能应用实训项目，学生可以掌握相关技术和算法，了解人工智能在不同行业中的应用场景，并培养创新思维和问题解决能力。

此外，学校还可以开设电子商务实训项目、网络安全实训项目、物联网应用实训项目等，以满足不同领域和行业的实践需求。这些项目可以与企业合作，结合真实的业务场景和问题，让学生在实践中学习并解决所遇的挑战。通过参与多样化的实训项目，学生可以积累丰富的实践经验，提升他们的实际操作能力和职业竞争力。

（三）配备专业化的实训指导团队

数字化实训基地应配备专业化的实训指导团队，包括行业专家、技术导师等。这些指导人员可以根据学生的不同需求和实际情况，提供个性化的实训指导和支持。他们可以分享自己的经验和知识，指导学生进行实训项目，帮助学生掌握关键技能和解决实际问题。

学校可以聘请行业专家来担任实训指导的角色。行业专家通常具有丰富的实践经验和行业洞察力，他们了解当前行业的最新发展和趋势。学校可以邀请行业专家来校开设专题讲座或工作坊，与学生分享实践经验和行业见解。此外，学校还可以邀请行业专家担任实训项目的导师，为学生提供指导和支持。行业专家的参与可以使学生更好地理解行业要求，培养自身的实际操作能力，增强就业竞争力。

学校可以聘请技术导师来提供实训指导。技术导师通常是在特定领域具有专业知识和技术能力的专家。他们可以根据学生的实际情况，提供个性化的技术指导和支持。技术导师可以帮助学生理解和掌握关键技术，解决实际问题，并提供项目开发中的实用建议。通过与技术导师的互动和指导，学生可以提高实践操作能力，增加对技术的理解和应用。

学校还可以培养自己的实训指导团队。学校可以聘请有丰富实践经验和教学经验的教师担任实训指导的角色，这些教师可以进行专业知识的传授，引导学生进行实训项目，并提供及时的反馈和指导。[①] 学校还可以组织相关的培训和研讨会，提升教师的实践能力和指导水平。通过培养专业化的实训指导团队，学校可以更好地满足学生的实践需求，提高他们的实际操

---

① 刘东亮，随凤华. 立德树人视域下大学生职业规划能力提升路径探究［J］. 就业与保障，2022（1）：124-126.

作能力和职业竞争力。

(四)建设实训成果展示平台

为了充分展示学生在数字化实训基地中的成果和能力,学校应建设实训成果展示平台。这可以是一个在线平台或者实体展览空间,用于展示学生的实训项目、作品和成果。通过展示学生的优秀实践成果,可以增强他们的就业竞争力,并为其他学生提供学习和借鉴的机会。

学校可以建立一个在线的实训成果展示平台。该平台可以是学校的官方网站或独立的虚拟展示平台。学生可以在该平台上传和展示自己的实训项目、作品和成果。平台可以提供多种展示形式,如图片、视频、文档等,以满足不同类型的实训成果展示需求。学校可以将该平台与学生的个人信息和职业发展档案相结合,使雇主和其他感兴趣的人能够更好地了解学生的实际操作能力和专业素质。

学校还可以建立实体的实训成果展览空间。该空间可以是一个专门的展览区域,也可以是学校图书馆或校园内的特定场所。学生可以将自己的实训项目、作品和成果展示在这个空间中,供其他学生、教师和校外人员观看和学习。学校可以定期举办实训成果展览活动,邀请行业专家和企业代表参观和评价。通过实体展览空间,学生可以更直观地展示他们的实际操作能力和创新能力,增加就业竞争力。

打造数字化实训基地来丰富大学生的社会实践活动对于地方应用型高校学生的职业规划具有重要意义。通过设立现代化的数字化实训设施、提供多样化的数字化实训项目、配备专业化的实训指导团队以及建立实训成果展示平台等策略,学校能够为学生提供更符合数字经济需求的实践环境和培训机会。这将帮助学生更好地适应数字经济时代的职业发展,并为地方经济发展培养更多人才。

(五)加强数字化实训室管理与维护

为了提高地方应用型高校电子教学设施的使用年限,在前期采购时要注意确保其品质,并要建立完善的组织和管理体系。只有如此,才能保证数字职业教育实习在地方应用型高校教育中的应用效果更好。

建立健全数字化实训室管理机构。实施数字实训室的日常工作涉及许多不同的职能,这些职能分工不清,就会导致工作中出现问题,所以要加强对数字实训室的监督。对数字训练馆进行规划建设、科学管理、制定制度、经费分配，以及对其进行后期的维修管理。加强对数字培训中心的科学管理，提高了学校的整体素质。

建立健全数字化实训室管理制度。地方应用型高校的数字实践教学是一个很繁杂的工作，它不仅涉及学校全体学生，而且涉及各种电子仪器。要保证数字教学实习工作的顺利进行，就需要在教学实践中加强信息化教学的管理。地方应用型高校应在"大数据"的背景下，对现有管理体系进行修订、校对和增补，制定科学可行的管理制度，确保数字化实习基地的各项工作能够顺利进行，为今后的设备管理和维修打下坚实的基础。

保证设备质量，降低维护成本。数字培训中心的建立和装备的品质是其核心，为数字培训中心的后续维修节省了大量的资金。地方应用型高校在购置新的装备和设备时，应当综合、合理地对现有的装备进行整合，尽量减少重复购置不适用的设备。这样既能使设备资源得到最大限度的使用，又能减少以后维修时的维修费用。

加强"智能化"管理团队建设。在地方应用型高校中，必须统筹规划，科学合理地建立数字教学实践基地。只有这样，才能提高后期维修工作的资源使用效率。地方应用型高校要建立一批"智能化"的监控工作，以适应数字培训中心的日常工作。同时，要建立和完善"定点巡查制度"，从设备的频率，到放置位置，到损坏的情况，都要及时解决，也能节省教育费用。

六、大力提升师资队伍的数字技能水平

（一）制订数字技能培训计划

学校可以制订数字技能培训计划，针对教师的不同需求和水平制订相应的培训内容和计划，这些培训包括数字技术知识的学习、教学方法的培训、教学资源的开发等。[①] 通过系统的培训计划，教师可以不断提升自己的数字技能水平，为学生提供更好的教学支持。

学校可以进行数字技术知识培训。这些培训涵盖计算机基础知识、网络技术、数据分析、人工智能等方面的内容。针对教师的不同需求和现有水平，可以设计不同级别和层次的培训课程。培训可以采用线上或线下的方

① 申忠奇．大学生职业生涯规划策略分析[J]．黑龙江人力资源和社会保障，2021(18)：145-147.

式进行，利用网络平台、教室教学、实验室实践等形式进行授课。通过数字技术知识培训，教师可以增强对数字技术的理解和应用能力，为教学提供更多元化的方式和工具。

学校可以进行教学方法的培训。数字化时代，教师需要掌握适应新技术环境的教学方法和策略。培训包括在线教学、远程协作、个性化学习等方面的内容。学校可以邀请教育技术专家或教育学者来校举办讲座或工作坊，分享最新的教学方法和案例。同时，学校还可以组织教师交流会议，让教师们互相分享经验和教学实践。通过教学方法的培训，教师可以掌握多样化的教学策略，提高教学效果和学生参与度。

（二）提供数字技能培训资源

学校可以提供丰富的数字技能培训资源，包括在线课程、教学视频、教材等。这些资源可以由学校自行开发，也可以引入优质的第三方资源。教师可以利用这些资源进行自主学习和教学准备，不断更新自己的数字技能知识。

学校可以开发在线课程来提供数字技能培训。这些在线课程可以以模块化的形式呈现，包含不同层次和领域的内容。课程涵盖计算机基础知识、数据分析、人工智能、编程语言等方面的内容。学校可以建立自己的在线学习平台，或者与已有的在线学习平台合作，为教师提供灵活的学习方式和支持。通过在线课程，教师可以根据自己的需求和时间安排，进行自主学习和提升。

学校可以制作教学视频，帮助教师理解和应用数字技能知识。教学视频可以以讲座、演示、案例分析等形式呈现，通过视觉和听觉的方式传达知识和技能。学校可以设立专门的录制工作室或委托专业机构制作教学视频。教师也可以根据自己的需求选择适合的教学视频进行学习和参考。通过教学视频，教师可以更直观地了解数字技能的应用和操作方法。

（三）开展数字技能教学研讨活动

学校可以组织数字技能教学研讨活动，为教师提供交流和学习的机会。这些活动包括教学案例分享、教学方法探讨、经验交流等。通过与同行的互动和碰撞，教师可以相互借鉴、学习，提升自己的数字技能水平。

学校可以组织教师之间的教学案例分享活动。教师准备自己在数字技能教学中的成功案例，并在研讨活动中进行分享。分享内容包括教学设计、教学资源的应用、学生作品展示等。教师从分享的案例中获取启发和借鉴，了解到不同领域和层次的数字技能教学实践。通过教学案例分享活动，教师相互学习和激发创新思维，提高数字技能教学的质量和效果。

学校可以组织教师之间的教学方法探讨活动。教师针对特定的数字技能教学领域或问题，进行讨论和交流。邀请教育技术专家、教育学者等做主讲人，分享最新的教学方法和研究成果。教师也可以自愿参与小组讨论或座谈会，共同探讨教学中的挑战和解决方案。通过教学方法探讨活动，教师深入了解不同的教学策略和方法，拓宽自己的教学视野，提高数字技能教学的创新性和针对性。

（四）鼓励教师参与实践项目

为了提升教师的数字技能水平，学校可以鼓励教师积极参与实践项目。教师可以申请参与科研项目、行业合作项目等，通过实际操作和实践经验来提高自己的数字技能。同时，学校应提供必要的支持和资源，确保教师能够顺利开展实践项目。

学校可以设立科研项目基金，鼓励教师申请参与数字技术相关的科研项目，这些科研项目可以是学校自身发起的，也可以是与企业、研究机构等合作的联合项目。[①] 教师可以根据自己的研究兴趣和专长，选择适合自己的科研项目，并提出申请。学校可以提供相应的经费和资源支持，以确保教师能够开展科研工作。通过参与科研项目，教师可以深入研究数字技术领域的前沿问题，拓宽自己的学术视野和研究能力。

学校可以促进教师与行业合作，参与实际项目的开发和实施。学校可以与企业、行业协会等建立合作关系，为教师提供参与行业合作项目的机会。教师可以申请参与特定领域的实践项目，如软件开发、数据分析、人工智能应用等。通过参与实际项目，教师可以了解行业需求和应用场景，将理论知识应用到实际中，提高自己的实践能力和技术应用水平。

（五）建立数字技能导师制度

学校可以建立数字技能导师制度，由具有丰富数字技能经验的教师担任导师，指导其他教师提升数字技能水平。导师可以定期与被指导教师面

---

① 祖艺华. 关于大学生职业规划指导策略的研究[J]. 佳木斯职业学院学报，2021，37(9)：159-160.

谈,了解其需求和困难,并给予指导和建议。通过这种师徒制的方式,教师可以更有针对性地提升数字技能水平。

学校可以选拔具有丰富数字技能经验和优秀教学能力的教师担任导师。导师应熟悉不同领域的数字技能知识和应用,具备较高的专业素养和教学经验。学校可以通过评选或申请的方式确定导师人选,并为导师提供相应的培训和支持,以提升其指导能力和沟通技巧。

学校可以与被指导教师进行配对,建立起导师与被指导教师的师徒关系。导师可以定期与被指导教师进行面谈,了解其数字技能水平、教学需求和困难。面谈过程中,导师可以倾听被指导教师的意见和问题,并提供相关的指导和建议。导师还可以根据被指导教师的需求,为其制订个性化的学习计划和培训方案。

大力提升师资队伍的数字技能水平对于地方应用型高校学生的职业规划具有重要意义。通过设立数字技能培训计划、提供数字技能培训资源、开展数字技能教学研讨活动、鼓励教师参与实践项目以及建立数字技能导师制度等策略,学校能够有效提升教师的数字技能水平,为学生提供更好的数字技术指导和教育支持。同时,这也为学校在数字经济时代培养出更多具备数字技能的优秀人才打下了坚实的基础。

(六)加强数字化资源建设

通过数据分析和访谈调查发现,高校教师的数字化能力会受到数字资源获取的影响,因此,为提高高校教师的数字化能力,加强数字化资源建设、提升高校数字化资源的质量至关重要。

学校应提供良好的物质基础支持。完善数字化教学所需要的软硬件设施,软硬件基础设施是高校教师数字化能力发展的舞台,是高校教师数字化能力发展的必需条件。明确不同学科高校教师的教学需求,加大资金投入,开发满足不同高校教师教学需求的数字化资源,例如交互式教学教材,双师课堂,虚拟仿真资源等。建设多媒体教室、智慧教室、网络教学教室、移动校园网等设施,逐步改善数字化教学环境,为数字化教学提供必要的软硬件资源支持。学校创建数字化资源管理部门,为高校教师整合数字化教学资源提供针对性的指导服务。设置专门的数字化资源管理人员,负责数字化资源与课程教学的衔接工作,帮助高校教师及时解决数字化资源的使用难题。建立专门的数字化资源资助渠道,为高校教师使用数字化资源提供物质支持。

建立健全数字化资源制度保障，设置专门的章程和行为规划，引导高校教师在教育教学中合理使用数字化资源，形成奖励制度，奖励使用数字化资源的高校教师，在全校形成使用数字化资源的良好氛围。

加强高校教师之间的交流，创建数字化资源应用共同体，帮助高校教师整合数字化资源，例如，介绍使用数字化资源的优秀案例，开展数字化资源使用经验交流会，增强不同学科高校教师之间使用数字化资源的交流。以此提高高校教师应用数字化资源的能力，进而提高高校教师的数字化能力。

(七)建立高校教师学习交流云社区

帕尔默曾指出，任何行业的发展都离不开参与者之间的经验分析和交流对话，教师共同体中有着教师能力发展所需要的资源。本书通过问卷调查、数据分析和访谈调查发现，社群影响对高校教师的数字化能力存在着积极的影响，说明社群影响对提高高校教师的数字化能力水平有着重要作用。应通过互联网或者数字化环境建立高校教师学习交流云社区，通过学习交流云社区，高校教师群体之间可以交流数字化技术经验，实现思想的碰撞，促进产生新的知识和经验，共享集体智慧，形成高校教师共同体。建立高校教师学习交流云社区可以实现实时、远距离的交流协作，为高校教师的交流提供便利。高校教师通过学习交流云社区参与教学研讨、交流展示、案例分享、经验交流等活动，在集体智慧的基础上发展个人的数字化能力。

第二节　政府和社会层面的策略

一、加强新职业领域的劳动者权益保护

(一)完善法律法规和政策体系

政府应完善相关法律法规和政策体系，确保新职业领域劳动者的权益得到充分保护。这包括制定相关劳动合同法、就业保障法等法律，明确劳动者的权利和义务；制定适应新职业形态的社会保障政策，确保劳动者能够享受到相应的福利和保障；加大监管力度，防止违法用工和不公平待遇的现象发生。

政府应依据《中华人民共和国劳动合同法》等相关法律法规，切实保障

劳动者的合法权益。同时,针对灵活就业形式,如自由职业者、兼职工作等,可以制定相应的合同模板或条款,明确双方的权益和责任。具体来看,企业要执行2021年7月由人社部牵头发布的《关于维护新就业形态劳动者劳动保障权益的指导意见》(以下简称《意见》)。《意见》指出,支持和规范发展新就业形态,切实维护新就业形态劳动者劳动保障权益,指导和督促企业依法合规用工,符合确立劳动关系情形的,企业应当依法与劳动者订立劳动合同。企业要积极履行用工责任,稳定劳动者队伍,主动关心关爱劳动者,努力改善劳动条件,拓展职业发展空间,逐步提高劳动者权益保障水平。

政府还应制定适应新职业形态的社会保障政策,确保劳动者能够享受到相应的福利和保障。针对自由职业者、远程办公人员等新兴职业群体,可以建立灵活的社会保险制度,包括养老保险、医疗保险、失业保险等。政府可以通过合理的缴费机制和政策补贴,鼓励这些劳动者参与社保,确保他们在面临风险时能够得到相应的保障。

政府还应积极推动相关研究和调查,及时了解新职业领域劳动者的实际情况和需求。通过开展调研和收集数据,政府能够更好地了解新职业群体面临的问题和困难,为制定相关法律法规和政策提供依据。同时,政府还可以与相关研究机构、专家学者合作,开展深入研究,为完善政策提供科学依据和建议。

(二)加强劳动者权益宣传教育

政府和社会应加强劳动者权益的宣传教育工作,提高劳动者对自身权益的认识和保护意识。可以通过多种形式,如举办讲座、开展宣传活动、发布宣传资料等,向劳动者普及相关法律法规和政策,让他们了解自己的权益和维权途径,增强自我保护能力。

政府可以组织讲座和培训班,邀请劳动法律专家、劳动关系专家等进行讲解,向劳动者普及相关法律法规和政策。讲座内容可以包括劳动合同、工资支付、工时安排、休假制度等方面的内容,以及劳动者权益保护的具体案例和维权经验。政府还可以在企事业单位、社区等场所设立咨询服务点,为劳动者提供法律咨询和权益保护指导。同时,可以开展宣传活动,如主题展览、宣传片播放等,向广大劳动者普及劳动法律法规和政策。这些活动可以结合重要节日或纪念日,吸引更多的参与者。通过生动有趣的方式,如演讲、互动游戏等,向劳动者传递知识和信息,激发他们对权益保护的兴趣和关注。

社会各界也应积极参与劳动者权益宣传教育工作。企事业单位可以开展内部培训和宣传活动,让员工了解自己的权益和维权途径。工会组织可以加强对会员的教育和指导,为他们提供咨询和法律援助服务。社区组织和非政府组织可以开展义务法律咨询和维权指导,帮助劳动者解决问题和争议。

政府也应建立健全的投诉举报机制,方便劳动者进行权益维护。政府应健全各类渠道,接受劳动者的投诉和举报,并及时处理和回应。同时,政府还应建立保护举报人合法权益的制度,鼓励劳动者积极参与权益保护工作。

(三)建立独立的劳动者维权机构

政府可以建立独立的劳动者维权机构,专门负责处理劳动者的投诉和维权事务。这个机构应具备独立性、公正性和高效性,为劳动者提供法律咨询、调解和纠纷解决等服务。同时,政府还应加大对劳动者维权机构的支持和监督,确保其有效履行职责。

政府建立独立的劳动者维权机构是为了保证劳动者的权益能够得到有效维护,该机构应设立在政府或司法系统之外,以确保其独立性和公正性。[①] 机构的人员应具备相关法律知识和专业背景,能够提供准确的法律咨询和指导。机构应设立投诉受理部门,接收劳动者的投诉和申诉,并及时做出回应。

政府应加大对劳动者维权机构的支持和监督力度。政府可以提供经费和资源支持,确保机构能够顺利运行和开展工作。政府还应建立健全的监督机制,对机构的运行情况和服务质量进行定期检查和评估。对于机构存在的问题和不当行为,政府应及时采取纠正措施,确保机构履行职责的公正性和高效性。

此外,政府还可以加强与其他相关部门和机构的合作,共同推进劳动者权益保护工作。例如,可以与劳动监察部门、工会组织、律师协会等建立合作机制,共享信息和资源,形成合力。政府可以建立联合工作机制,定期召开会议,就劳动者权益保护工作进行沟通和协调。

在建立独立的劳动者维权机构时,政府还应注重加强宣传和教育工作。

---

① 钱洪彬.职业生涯规划前提下学生就业技能提升方法[J].商业文化,2021(23):116-117.

政府可以通过媒体、资料宣传等途径，向广大劳动者普及相关法律法规和政策，让他们了解自己的权益和维权途径。政府还可以组织培训班和讲座，提高劳动者的法律意识和维权能力。

（四）鼓励奖励行业工会组织

在新职业领域，建立行业工会组织是保护劳动者权益的重要途径之一。政府应鼓励和支持劳动者自发组织行业工会，代表劳动者维护权益。行业工会可以与企业进行集体谈判，促进合理薪酬和福利待遇的协商，推动行业的良性发展。

政府应加强对行业工会组织的宣传和引导，让劳动者了解工会的作用和意义。政府可以通过媒体、宣传活动等方式，向劳动者普及工会的基本知识，包括组织形式、职责和权益保障等方面的内容。政府还可以组织培训班和研讨会，提高工会组织干部的管理能力和服务水平。

政府应为行业工会组织提供相应的支持和便利条件。政府可以制定相关政策，鼓励企事业单位为员工建立工会组织，并提供必要的场地和经费支持。政府还可以设立专门的工会服务机构，为行业工会组织提供咨询、培训和法律支持等服务。政府可以与工会组织签订合作协议，明确各方的职责和义务，加强双方的合作关系。

（五）加大监督和执法力度

政府应加强对新职业领域的监督和执法力度，严厉打击违法用工和侵害劳动者权益的行为。可以建立专门的监管机构或加强现有机构的力量，加大对企业和雇主的监管力度，确保他们遵守劳动法律法规，合理对待和支付劳动者。

政府可以建立专门的劳动监察机构，负责对新职业领域的劳动关系进行监督和检查。这个机构应具备独立性、公正性和高效性，能够对企业和雇主的劳动行为进行全面监管。劳动监察机构可以开展定期巡查和突击检查，发现和处罚违法用工、超时工作、拖欠工资等行为。同时，政府还应加强对劳动监察机构的资源支持和人员培训，提升其执法水平和能力。

政府可以加强对企业和雇主的信息披露和公示制度。通过要求企业公开相关劳动信息，如劳动合同、工资支付情况、工时安排等，可以增加企业的透明度，方便劳动者了解自己的权益情况。政府可以建立相应的信息公示平台，让劳动者和社会监督部门能够及时获取相关信息，发现问题并进行举报。

政府还可以加强与社会各界的合作，共同推进监督和执法工作。政府可以与企业协会、行业协会等建立合作机制，共享信息和资源，加强对企业和雇主的监管和指导。政府还可以与社会组织、媒体等建立合作关系，借助他们的力量，加大对违法用工和侵害劳动者权益行为的曝光和舆论监督。

加强新职业领域的劳动者权益保护是地方应用型高校学生职业规划的重要策略。通过完善法律法规和政策体系、加强劳动者权益宣传教育、建立独立的劳动者维权机构、鼓励建立行业工会组织以及加大监督和执法力度等策略，政府和社会能够更好地保护劳动者的权益，为学生提供一个公平、健康的就业环境。同时，这也为数字经济时代的可持续发展提供了坚实基础。

二、逐步推进高校大学生就业信息化建设

（一）建立统一的就业信息平台

政府可以建立统一的就业信息平台，集中整合各类就业信息资源。这个平台可以包括就业市场信息、招聘信息、企业需求、行业趋势等。通过这个平台，学生可以及时获取最新的就业信息，并进行职位搜索、职业匹配等操作，提高自身的就业竞争力。

一方面，统一的就业信息平台可以解决就业信息不对称的问题。当前，学生在寻找工作时面临着信息获取困难的挑战。各类招聘网站和就业服务机构分散在不同的平台上，学生需要花费大量时间和精力去搜寻信息。而统一的就业信息平台可以将这些信息集中整合，方便学生快速获得所需的就业信息，提高效率。另一方面，统一的就业信息平台可以提供全面和准确的就业市场信息。平台可以收集和发布各地区、各行业的就业市场情况、用人需求、就业政策等信息。学生可以通过平台了解不同行业的就业前景、薪资水平、职业发展路径等，有针对性地选择自己感兴趣和适合的职业方向。同时，平台还可以提供行业趋势分析和就业指导，帮助学生做出更明智的职业规划。

另外，政府应加强对统一的就业信息平台的推广和宣传。政府可以通过媒体、学校等渠道宣传平台的存在和功能，提高学生和企业的知晓度和使用率。政府还可以组织培训班和讲座，向学生介绍如何有效利用平台获取就业信息和提升求职竞争力。

（二）提供个性化的就业指导和咨询服务

政府和社会可以提供个性化的就业指导和咨询服务，帮助学生进行职业规划和就业决策，可以设立就业指导中心或者聘请专业的职业顾问，为学生提供个性化的职业咨询、简历撰写、面试辅导等服务。[①] 通过与学生的深入交流和了解，可以为他们提供针对性的建议和帮助。

政府可以在高校、教育机构以及就业服务机构设立就业指导中心。这些中心可以由专业的职业顾问组成，他们具备丰富的就业指导经验和行业知识。学生可以预约咨询时间，在面对面的交流中向职业顾问咨询就业问题和困惑。职业顾问可以根据学生的个人情况、兴趣爱好、专业背景等因素，提供个性化的职业规划建议，帮助学生明确自己的职业目标和发展路径。

政府可以通过举办讲座、研讨会等形式，邀请职业领域的专家和成功人士分享他们的经验和见解。这些活动可以涵盖不同行业、不同职业的就业情况和发展趋势，帮助学生了解不同职业领域的特点和要求。同时，政府还可以邀请专业的职业顾问进行讲解和指导，分享就业技巧和面试技巧，提高学生的求职竞争力。

政府应加强对个性化就业指导和咨询服务的宣传和推广。政府可以通过媒体、学校等渠道宣传这些服务的存在和意义，提高学生和社会的知晓度和使用率。政府还可以与高校、教育机构、企事业单位等建立合作关系，共同推动个性化就业指导和咨询服务的开展。

（三）加强与企业的合作和对接

政府应加强与企业的合作与对接，为学生搭建就业平台。可以通过举办招聘会、校企合作项目、实习机会等方式，促进学生与企业的交流和合作。同时，政府还可以协调各类企业资源，为学生提供更多的就业机会和实践经验，增加他们的就业竞争力。

政府可以组织举办招聘会和就业洽谈会，为学生与企业进行面对面的交流和沟通。招聘会可以汇集各行各业的用人单位，为学生提供广泛的就业机会。政府可以邀请优质企业参与招聘会，并提供场地和服务支持，确保

① 景文秀，张雷. 论职业生涯规划在大学生就业指导工作中的作用[J]. 就业与保障，2021(15)：66-67.

招聘会的顺利进行。同时,政府还可以在招聘会上组织一些专题讲座和培训活动,帮助学生了解就业市场的需求和趋势,提高他们的就业竞争力。

政府可以推动校企合作项目的开展,促进学生与企业的深度合作。政府可以与企业签署合作协议,共同开展科研项目、技术创新项目等。这些合作项目可以为学生提供实践机会,让他们在真实的工作环境中锻炼和提升自己的能力。政府可以设立专门的基金或奖励机制,支持校企合作项目的开展,并鼓励更多的企业参与其中。

此外,政府还可以协调各类企业资源,为学生提供更多的就业机会和实践经验。政府可以与企业建立长期稳定的合作关系,了解其用人需求和发展规划,为学生提供及时准确的就业信息。政府可以积极推动企业提供实习岗位,为学生提供实际操作和职场体验的机会。同时,政府还可以引导企业开展校园招聘和校园讲座等活动,增加学生与企业的交流机会。

(四)引入人工智能和大数据技术

通过引入人工智能技术,可以实现职业匹配和推荐的智能化和个性化。政府可以开发职业匹配系统,通过分析学生的个人信息、专业背景、兴趣爱好等多维度数据,结合人工智能算法,为学生提供精准的职业建议和推荐。①系统可以根据学生的特点和需求,将合适的职位和企业信息推送给他们,提高就业的匹配度和成功率。

借助大数据技术,政府可以对就业市场和行业趋势进行全面分析和预测。政府可以收集和整理各类就业市场数据,包括岗位需求、薪资水平、行业发展趋势等。通过大数据分析,可以得出就业市场的整体情况和变化趋势,为学生提供更准确的就业信息和预测。政府可以开发就业市场监测系统,实时更新就业数据,帮助学生了解市场需求,调整职业规划。

另外,政府可以利用人工智能和大数据技术进行就业服务的个性化和精细化管理。通过建立就业信息平台和学生档案系统,政府可以收集和管理学生的个人信息、就业意向、求职经历等。结合人工智能和大数据技术,政府可以对学生进行全面评估和分析,制定个性化的就业指导方案。同时,政府还可以根据学生的特点和需求,推送相关的就业培训资源和岗位机会,

---

① 季小燕.职业生涯规划在大学生就业指导工作中的应用[J].现代交际,2021(15):145-147.

提高学生的就业竞争力。

（五）建立校友网络和校企合作平台

政府和社会可以建立校友网络和校企合作平台，促进校企合作和校友资源共享。学校可以建立校友数据库，与校友保持联系，并提供就业信息和职业发展支持。同时，政府可以建立校企合作平台，为学生提供更多的实习和就业机会，让他们能够在真实工作环境中锻炼自己的实践能力。

学校可以建立校友数据库，收集和管理校友的联系信息、行业背景和职业经历等。通过与校友保持联系，学校可以了解校友的就业情况和职业发展轨迹。学校可以利用校友网络，为学生提供就业指导和职业规划支持。校友可以分享自己的职业经验和成功经历，为学生提供宝贵的指导和启发。学校还可以通过校友网络搭建企业合作平台，将企业资源引入学校，为学生提供更多的实习和就业机会。

政府可以建立校企合作平台，促进学校与企业的深度合作。这个平台可以是一个在线平台或者实体机构，旨在促进学校与企业之间的合作交流。政府可以引导企业参与平台，提供实习岗位、就业机会和行业导师等资源。学校可以通过平台发布招聘信息、提供学生简历和推荐信等材料，方便企业了解并选取合适的人才。同时，政府还可以通过平台举办校企合作项目、职业培训活动等，促进学生与企业的深度合作。

逐步推进高校大学生就业信息化建设对于地方应用型高校学生的职业规划具有重要意义。通过建立统一的就业信息平台、提供个性化的就业指导和咨询服务、加强与企业的合作与对接、引入人工智能和大数据技术、建立校友网络和校企合作平台等策略，政府和社会能够为学生提供更有效的就业服务和支持，提升他们的就业竞争力。同时，这也为地方经济发展提供了优秀的人才支持。

三、营造良好的大学生职业规划氛围

（一）开展职业规划教育和培训活动

政府和社会可以开展职业规划教育和培训活动，为学生提供相关知识和技能的培训。可以邀请职业规划专家、成功校友等来校举办讲座和培训班，分享他们的经验和见解。通过这些活动，可以帮助学生了解职业发展的实际情况，提升他们的职业规划意识和能力。

政府和学校可以邀请职业规划专家来校举办讲座和培训。这些专家可以介绍职业规划的基本概念、重要性以及规划过程中需要注意的事项。他们可以分享自己的职业经验,提供实用的职业规划方法和技巧。通过听取专家的讲解和分享,学生可以了解不同职业的特点和发展趋势,明确自己的职业目标和规划路径。

政府和学校可以组织职业规划的培训班和工作坊。这些培训班可以包括职业测试、自我认知、兴趣探索、职业目标设定等内容。学生可以通过这些培训活动,了解自己的个人特点和优势,发现自己的兴趣和潜能,为职业规划提供参考和指导。培训班还可以进行职业技能的培训,如简历撰写、面试技巧、沟通能力等,提高学生的就业竞争力。

政府和学校可以鼓励学生参与实践活动,拓宽他们的职业视野和经验。可以组织企业参观、职场实习、社会实践等活动,让学生亲身体验不同行业和职业的工作环境和要求。通过实践活动,学生可以更加深入地了解各个职业的工作内容和挑战,对自己的职业规划有更准确的认识。

在开展职业规划教育和培训活动时,政府和学校需要注重资源整合和协调。政府可以引导学校与职业规划机构、就业服务机构等建立合作关系,共享资源和信息。学校可以利用政府的支持和资源,扩大职业规划教育和培训活动的覆盖范围,提高学生的职业规划能力和就业竞争力。

(二)创设职业发展平台和资源

政府和社会可以创设职业发展平台和资源,为学生提供相关信息和支持。可以建立在线职业咨询平台,提供职业指导、就业信息等服务。同时,可以建立职业发展资源库,包括职业规划书籍、就业指南、行业报告等,供学生查阅和借鉴。

政府和社会可以合作建立在线职业咨询平台。这个平台可以提供职业指导和咨询的服务,帮助学生解答关于职业规划、就业市场、职业技能等方面的问题。学生可以通过平台提交问题,由专业的职业顾问进行回答和指导。平台还可以提供在线职业测试和评估工具,帮助学生了解自己的兴趣爱好、职业倾向和适合的职业方向。

政府和社会可以建立职业发展资源库,集中收集和整理各类与职业发展相关的资料和信息,这个资源库可以包括职业规划书籍、就业指南、行业报告、职业培训课程等。[①] 学生可以通过资源库获取各类职业发展的参考资料和指导，了解不同职业的特点和要求。资源库还可以提供行业趋势分析和就业市场的动态信息，帮助学生做出明智的职业决策。

（三）建立校企合作和实习基地

政府和社会可以加强与企业的合作与对接，建立校企合作与实习基地。通过与企业的深入合作，学生可以接触到真实的工作环境和职业发展机会，增强他们的职业认知和实践能力。此外，政府还可以提供资金支持、政策优惠等，促进校企合作与实习活动的开展。

政府可以与企业建立长期稳定的合作关系，搭建校企合作与实习基地。这些基地可以是专门的实训中心、创新实验室、科研基地等，为学生提供实践机会和实践环境。基地可以与企业进行深度合作，将企业的技术和资源引入学校，为学生提供更贴近实际工作的实习项目和课程。通过在基地中的实践，学生能够更好地理解专业知识的应用，并培养实际操作和解决问题的能力。

政府可以提供相关支持，如资金支持和政策优惠，促进校企合作与实习活动的开展。政府可以设立专项资金，用于支持学校与企业的合作项目和实习基地的建设。政府还可以制定相关政策，提供税收优惠、人才引进等方面的支持，鼓励企业参与校企合作与实习活动。这样可以增加企业的积极性和参与度，为学生提供更多的实习机会和就业渠道。

（四）鼓励校园企业创新和创业

政府和社会可以鼓励校园企业创新和创业，为学生提供更多的创业机会和支持。可以设立创业孵化器、创新创业基地等，提供创业培训、项目评估、资金支持等服务。通过鼓励创新和创业，可以培养学生的创新意识和创业精神，激发他们的职业热情和创造力。

政府和学校可以共同设立创业孵化器和创新创业基地。这些机构可以提供场地、设备和资源支持，为学生提供创业所需的环境和条件。创业孵化器和创新创业基地可以提供创业培训、项目评估、商业计划书撰写等服务，帮助学生完善创业思路和方案。同时，这些机构还可以提供初创阶段的资金支持、法律咨询和市场推广等服务，帮助学生将创业想法转化为实际行动。

---

① 刁佳玺，林川钰，杨柯. 大学生职业生涯规划影响因素分析及对策研究[J]. 黑龙江人力资源和社会保障，2021(12)：130-135.

政府和社会可以开展创业培训和指导活动，提升学生的创业能力和创新意识。可以邀请成功创业者、行业专家等来校举办讲座和培训，分享创业经验和管理技巧。学生可以通过这些培训活动了解创业的流程和要素，学习市场营销、财务管理、团队合作等创业所需的知识和技能。政府还可以组织创业比赛和创新创业项目，为学生提供展示才华和创意的平台，激发他们的创业热情。

此外，政府可以建立创新创业基金和风险投资基金，为学生创业提供资金支持。这些基金可以向有潜力的学生创业项目提供初期启动资金或风险投资。政府可以设立专门的评审机构或委员会，负责对创业项目进行评估和筛选。通过资金支持，可以帮助学生克服创业初期的资金难题，推动他们的创业项目顺利发展。

（五）强化校园文化建设

举办职业发展主题活动，为学生提供了解职业规划和就业市场的机会。例如，可以组织职业规划竞赛，让学生通过实际案例和问题解决来锻炼自己的职业规划能力。可以邀请职业规划专家、成功校友等来校进行职业讲座，分享他们的经验和见解。还可以举办行业论坛，邀请相关行业的专家和企业代表，让学生了解行业趋势、职位需求和发展机会。通过这些活动，可以帮助学生明确自己的职业目标，了解实现目标所需的能力和知识。

鼓励学生参与社团组织、学术研究等活动，培养他们的团队合作能力和领导才能。社团组织是学生发展兴趣爱好和锻炼能力的重要平台，学生可以通过参与社团组织来提升自己的组织管理、沟通协作等能力。学术研究项目则可以培养学生的创新思维和问题解决能力，让他们在专业领域深入探索和实践。这些活动不仅可以丰富学生的个人履历，也能为他们未来的职业发展打下坚实基础。

营造良好的大学生职业规划氛围对于地方应用型高校学生的职业发展具有重要意义。通过开展职业规划教育和培训活动、创设职业发展平台和资源、建立校企合作与实习基地、鼓励校园企业创新和创业以及强化校园文化建设等策略，政府和社会能够为学生提供更全面的职业规划支持，帮助他们实现个人职业目标，并为地方经济发展培养更多的人才。同时，这也为数字经济时代的可持续发展提供了有力支持。

四、大力发展数字经济促进学生就业

（一）制定数字经济发展政策和规划

政府应制定数字经济发展政策和规划，明确数字经济发展的目标、重点领域和政策措施，这些政策和规划应关注地方实际情况，鼓励和引导企业加大对数字经济的投资和发展，为学生提供更多的就业机会和实践机会。①

政府可以设立专门的部门或机构负责数字经济发展政策和规划的制定与实施。这些部门可以集中研究数字经济的发展趋势和需求，分析当前存在的问题和挑战，并提出相应的政策建议。政府可以借鉴国内外成功经验，制定适合本地区的数字经济发展目标和路线图。

政府应重点关注数字经济的核心领域和关键技术，为企业提供支持和激励。政府可以通过税收优惠、补贴政策等手段，鼓励企业加大对数字经济相关领域的研发和投资。政府还可以提供专项资金，支持创新创业项目和数字经济产业园区的建设。同时，政府还可以加强知识产权保护和法律规范的制定，为数字经济发展提供良好的法治环境。

（二）加强数字技术教育和培训

政府和社会应加强数字技术教育和培训，提高学生的数字技能水平。可以在课程设置中增加相关的数字经济课程，开设与数字技术相关的专业和研究方向。同时，可以举办数字技术培训班和工作坊，为学生提供实践机会和技能培训，帮助学生更好地适应数字经济的需求。

政府和学校可以在课程设置中增加相关的数字经济课程。可以将数字技术和创新创业等内容融入学生的课程，培养他们的数字素养和创新意识。可以开设数字经济、大数据分析、人工智能等专业课程，为学生提供系统性的知识讲解和技能培训。通过这些课程的学习，学生可以了解数字经济的基本概念、发展趋势和应用场景，掌握相关的技术和工具，提高自己在数字经济领域的竞争力。还可以举办数字技术培训班和工作坊，提供实践机会和技能培训。政府和学校可以组织相关的培训班，邀请行业专家和企业代表来校进行培训，分享数字技术的最新进展和应用案例；可以举办工作坊，

① 马晟超，张月月，延玥. 提高当代大学生对职业生涯规划认识的建议[J]. 文化产业，2021(15)：119-120.

让学生动手实践，掌握数字技术的基本操作和应用技巧。这些培训和工作坊可以涵盖人工智能、大数据分析、区块链等领域，帮助学生更好地了解和应用数字技术。

（三）加强产学研结合

政府和社会应加强产学研结合，推动科研成果转化和应用。鼓励高校与企业、科研机构之间的合作，共同开展数字经济领域的研究和创新。这样既可以提供学生参与科研项目的机会，增强他们的实践能力，也可以促进地方数字经济的发展。

政府可以建立产学研合作平台，促进高校、企业和科研机构之间的合作交流。政府可以设立专门的部门或机构，负责组织和协调产学研合作的相关工作。可以建立在线平台或数据库，收集和发布各方的科研需求和合作意向，促进信息的共享和资源的对接。政府还可以通过资金支持、税收优惠等方式，鼓励和激励高校和企业参与产学研合作。

高校、企业和科研机构可以开展合作研究项目，共同探索数字经济领域的前沿问题和关键技术，可以建立联合研究中心或实验室，提供良好的研究环境和设施。[①] 高校可以发挥自身的科研优势，为企业提供专业知识和技术支持；企业可以提供实际应用场景和数据资源，推动科研成果的转化。通过产学研合作，可以加强理论与实践的结合，促进科研成果的应用和商业化。

此外，政府可以制定相关政策，鼓励高校教师和学生参与产学研合作。可以将产学研合作列入教师绩效评估和学生实践能力培养的考核体系中，激励他们积极参与合作项目。政府还可以设立奖励机制，表彰在产学研合作中取得突出成果的个人和团队。这样可以增加教师和学生参与产学研合作的积极性，推动合作项目的顺利开展。

在加强产学研结合时，需要注重合作的双向性和互利共赢。高校、企业和科研机构应建立长期稳定的合作关系，共同制订合作计划和目标。双方可以明确各自的责任和权益，制定合理的合作机制和合同条款。高校可以为企业提供技术支持和人才培养；企业可以为高校提供实际应用场景和研

① 马青香.职业生涯规划视角下高校毕业生就业面临的现实困境与应对举措[J].无锡职业技术学院学报，2021，20（3）：83-87.

究资源。通过双方的合作，可以推动科研成果的转化和应用，促进地方数字经济的发展。

大力发展数字经济是促进地方应用型高校学生就业和职业规划的重要策略。通过制定数字经济发展政策和规划、加强数字技术教育和培训以及加强产学研结合等策略，政府和社会能够为学生提供更多的数字经济就业机会和发展平台，帮助他们适应数字经济时代的需求，并为地方经济的可持续发展做出贡献。同时，这也为学生的职业发展提供了广阔的空间和机遇。

第三节　大学生个人规划

一、基于数字经济时代特征做好学业规划

（一）了解数字经济的趋势和需求

学生应该了解数字经济的趋势和需求，掌握相关领域的知识和技能。可以通过参加相关课程、参与实践项目、阅读行业报告等方式，及时了解数字经济的最新发展动态。这样有助于学生把握就业机会和职业发展方向，为学业规划提供指导。

第一，学生可以通过参加相关课程来了解数字经济的基本概念、发展趋势和关键技术。高校可以开设数字经济、电子商务、大数据分析等专业课程，为学生提供系统性的知识培训。学生可以学习数字经济的基本理论和实践操作，了解数字技术在经济领域的应用和影响。通过课堂学习，学生可以建立对数字经济的基本认知和理解。

第二，学生可以参与实践项目，深入了解数字经济的具体运作和应用场景。可以参与企业合作项目、创新创业竞赛等实践活动，将所学知识应用于实际项目中。通过实践项目的参与，学生可以亲身体验数字经济的工作流程和团队合作方式，提高解决问题和实践操作的能力。同时，实践项目还可以帮助学生建立自己的职业网络和人际关系，为将来的就业提供有力支持。

第三，学生可以阅读行业报告、关注数字经济相关的新闻和动态，了解行业的最新发展趋势和需求。可以关注政府的政策导向、企业的创新实践、科研机构的研究成果等方面的信息。通过对行业动态的及时了解，学生可

以把握数字经济的发展方向和前沿技术，为自己的学习和职业发展做出相应调整和规划。

在了解数字经济的趋势和需求时，学生应注重多渠道的信息获取和综合分析。可以通过互联网、社交媒体、学术期刊等多种途径获取信息，了解不同来源的观点和见解。同时，学生需要具备批判性思维和分析能力，对所获取的信息进行筛选和评估，辨别信息的可信度和价值。只有通过全面了解和准确判断，学生才能更好地把握数字经济的趋势和需求。

（二）明确个人兴趣和优势

学生应该明确自己的兴趣和优势，找到适合自己的职业道路。可以通过自我评估、咨询辅导等方式，了解自己的兴趣爱好、特长才能和价值观念。在选择专业和职业方向时，要考虑个人的兴趣和优势，避免盲目跟风，确保自己在职业道路上能够有所突破、不断成长。

学生可以进行自我评估，了解自己的兴趣爱好和特长才能。可以反思自己在学习和生活中感到愉悦和满足的事情是什么，喜欢从事哪些活动或领域。可以回顾过去取得的成就和经验，分析自己的优势和特点。同时，也可以借助一些自我评估工具和问卷调查，帮助自己更全面地了解自己的兴趣和优势。

学生也可以寻求咨询和辅导的帮助，与专业人士交流和探讨。可以咨询学校的职业指导老师、心理咨询师等，向他们寻求建议和指导。他们可以帮助学生分析个人的兴趣、能力和价值观念，提供专业的职业咨询和规划建议。此外，也可以与行业内的从业者进行交流，了解不同职业的工作内容和要求，从他们的经验中汲取启发和思考。

学生要明确个人兴趣和优势不仅在职业选择上重要，在个人发展规划中也起到关键作用。学生应根据自己的兴趣和优势，制订个人发展目标和计划。可以选择相关的课程、参加培训、寻找实习机会等，不断提升自己在相关领域的知识和技能。通过持续的学习和实践，不断发展自己的优势和专业能力，为将来的职业发展打下坚实的基础。

（三）拓宽学科知识和技能

数字经济作为一个综合性的领域，涉及多个学科和专业。学生应该积极拓宽自己的学科知识和技能，不仅限于专业课程，还可以参加跨学科的选修课程、学习相关的技术和工具，提升自己的综合素质。① 这样有助于学生在数字经济领域中有更广阔的发展空间，并丰富自己的职业竞争力。

学生可以通过参加跨学科的选修课程来拓宽自己的学科知识。数字经济涉及经济学、计算机科学、数据分析、市场营销等多个学科领域。学生可以选择一些与数字经济相关的选修课程，深入了解这些学科的基本概念、理论框架和方法论。比如，可以选修计算机编程、数据库管理、金融市场分析等课程，提升自己在技术和领域知识方面的能力。

学生可以学习相关的技术和工具，提高自己在数字经济领域的实践能力。数字经济依赖于信息技术和数据分析等工具的支持。学生可以学习和掌握一些常用的技术和工具，如数据挖掘、人工智能、大数据分析、云计算等。可以通过在线教育平台、自学网站、培训课程等途径获取相关的技术知识和实践经验。通过学习这些技术和工具，学生可以提高自己在数字经济领域的实际操作能力，增强自己的职业竞争力。

（四）积累实践经验和项目经历

学生应该积极参与实践项目和社会实践活动，积累实践经验和项目经历。可以通过参加实习、校企合作项目、社会实践等方式，了解实际工作环境和需求，锻炼实际操作能力和团队合作能力。这些经历对于学生的职业规划和就业竞争力都有重要的意义。

学生可以通过参加实习来积累实践经验。实习是学生将所学知识与实际工作相结合的重要途径。可以积极寻找与自己专业相关的实习机会，申请到在企业或组织中的实习岗位。通过实习，学生可以了解具体行业的工作流程、业务需求和职业素养。可以接触实际项目，亲身体验工作中的挑战和机遇。通过实习的参与，学生可以提升自己的实际操作能力、团队合作能力和解决问题的能力。

学生可以参与校企合作项目，拓宽自己的实践经验。很多高校与企业之间存在合作项目，可以让学生参与其中，开展实践活动。可以与企业合作开展研究项目、解决实际问题、开发创新产品等。通过校企合作项目，学生可以了解实际工作需求，接触行业专家和企业从业者，拓展职业网络和人脉

① 田力雄.大学生职业生涯规划问题浅析及对策研究[J].大学，2021(18)：153-156.

资源。同时,还可以锻炼自己的团队合作能力、沟通协调能力和项目管理能力。

(五)不断学习和自我提升

学生应保持持续学习和自我提升的态度,不断更新自己的知识和技能。可以利用网络资源、参加培训班、阅读专业书籍等,跟进行业发展和前沿技术。同时,也要注重个人素质的提升,如沟通能力、领导能力、创新思维等,以适应数字经济时代的需求。

学生可以利用网络资源来持续学习和跟进行业发展。互联网为学生提供了广泛的学习渠道,可以通过在线教育平台、开放式课程等方式获取相关的学习资源。学生不仅可以参加在线课程,学习与数字经济相关的知识和技能;还可以通过关注行业内的博客、论坛、社交媒体等渠道,了解最新的行业动态和趋势。通过利用网络资源,学生可以随时随地进行学习,跟上行业的快速变化。

学生可以参加培训班、研讨会等专业活动,进一步提升自己的专业知识和技能。可以选择参加与数字经济相关的培训班或研讨会,了解前沿技术和行业最佳实践。这些活动可以提供专业的指导和深入的学习机会,让学生与行业内的专家和从业者进行交流和互动。通过参加培训班和研讨会,学生可以拓宽自己的视野、深化对数字经济领域的理解,并掌握最新的工具和技术。

此外,学生应注重个人素质的提升,以适应数字经济时代的需求。除了专业知识和技能的学习,还要注重沟通能力、领导能力、创新思维等方面的培养。比如:参加演讲比赛、辩论赛等活动,锻炼自己的口头表达和演讲能力;参与团队项目、社团活动等,培养团队合作和领导能力;主动参与创新创业活动,培养创新思维和解决问题的能力。通过注重个人素质的提升,学生可以更好地适应数字经济时代的多样化和快速变化。

基于数字经济时代的特征做好学业规划对地方应用型高校学生的职业发展至关重要。通过了解数字经济的趋势和需求、明确个人兴趣和优势、拓宽学科知识和技能、积累实践经验和项目经历以及不断学习和自我提升等策略,学生能够更好地规划自己的学业,为未来的职业发展打下坚实基础。同时,这也将帮助他们更好地适应数字经济时代的挑战和机遇,实现个人价值和职业目标。

二、积极主动提升自身职业技能

（一）培养自身职业技能开发的主动意识

大学是一个人全面提升自我、完善自我的重要时期，对这一时期把握的好坏直接影响大学生未来的发展。因而需要全面关注大学生获得和保持某种就业状态所需的综合素质和能力，这种综合素质和能力是通过后天学习和训练能够获得的潜在能力，全面调动起大学生积极参与职业技能开发的主动意识。① 提高大学生主动意识可以通过以下几个方面展开。

第一，全面的自我认知。职业技能开发进行情况与被开发者对自己的了解程度有着重要的关系，不同职业兴趣对应不同职业方向，不同性格、不同气质的人适合不同类别的工作。只有被开发者根据自己兴趣、能力、个性等个人特征选择未来的职业方向，才能明确自己需要开发的能力和需要着重提高的技能，才能使被开发者增强自我提升的意识。具体来讲，可以从以下几个方面调动大学生进行职业技能开发的主动意识：首先，通过自我反思对自己所处境遇以及自身情况进行分析，提高自我认知；其次，通过职业倾向测验和性格测验等理性工具以及教师学长建议等感性分析提高对自我的认知程度。

第二，准确的自我定位。准确定位是在全面认识自我，客观分析自身所处社会大背景后所必须进行的过程。大学生可以通过制定职业规划，客观分析自己的优势和劣势、已占有的和缺乏的资源以及自己的核心竞争力，对自己进行准确的定位。

第三，职业目标的确定。进行自我职业生涯规划最主要的目的是明确职业目标，通过对自己的知识、技能、兴趣、动机等自身特征进行认识、分析后，为自己选择适合自身发展的职业通道，并由此对自己的学习和素质提高做出全面的规划。在职业目标的指导下通过心态、思维方式、行为、习惯的锻炼和磨炼改变和完善自己的情商素质，培养出良好的职业习惯，从而为自己的职业发展创造更多的机会。

（二）明确自身职业目标和发展方向

学生应该明确自己的职业目标和发展方向，在这个基础上选择合适的

---

① 冯宇楠. 高等院校大学生职业生涯选择与就业指导的实施策略研究[J]. 产业与科技论坛，2021，20(8)：267-268.

职业技能进行提升。可以通过自我评估、职业咨询等方式，了解自己的兴趣、优势和价值观念，并确定与之匹配的职业领域。明确职业目标有助于学生更加有针对性地提升相关的职业技能。

一方面，学生可以进行自我评估，了解自己的兴趣、优势和价值观念。反思自己在学习和生活中感到愉悦和满足的事情是什么，喜欢从事哪些活动或领域。可以回顾过去取得的成就和经验，分析自己的优势和特点。同时，也可以借助一些自我评估工具和问卷调查，帮助自己更全面地了解自身兴趣和优势。另一方面，学生可以寻求职业咨询的帮助，与专业人士交流和探讨。可以咨询学校的职业指导老师、人力资源专家等，向他们寻求建议和指导。他们可以帮助学生分析个人的兴趣、能力和价值观念，提供专业的职业咨询和规划建议。通过与职业咨询师的交流，学生可以更全面地了解自己的兴趣和优势，并确定与之匹配的职业领域。

（三）培养跨学科能力和综合素质

数字经济作为一个综合性的领域，涉及多个学科和专业。学生应该培养跨学科能力和综合素质，以适应数字经济时代的需求，可以通过选修跨学科课程、参加实践项目、担任学生干部等方式，提升自己的综合素质。[①] 这包括沟通能力、团队合作能力、领导能力、创新思维等。这些能力和素质对于学生的职业发展至关重要。

第一，学生可以选择跨学科的选修课程来拓宽自己的学科知识和视野。数字经济涉及经济学、计算机科学、数据分析、市场营销等多个学科领域。学生可以选择一些与数字经济相关的选修课程，深入了解这些学科的基本概念、理论框架和方法论。通过选修跨学科课程，学生可以拓宽自己的学科视野，掌握多领域的知识和技能，从而更好地适应数字经济领域的发展需求。

第二，学生可以通过参加实践项目来培养跨学科能力和综合素质。实践项目是学生将所学知识与实际问题相结合的重要途径。可以积极参与与数字经济相关的实践项目，亲身体验数字经济的运作和应用场景。从而提升解决问题和团队合作的能力，培养创新思维和实践操作的能力。同时，实践项目也为学生提供了与行业从业者进行交流和合作的机会，拓展职业网

① 杨宇．服务视角下大学生职业生涯规划发展的路径研究［J］．产业与科技论坛，2021，20（7）：238-239.

络和人脉资源。

第三，学生还可以担任学生干部等职位，培养领导能力和组织管理能力。可以参与学生组织、社团活动等，担任干部职位或组织活动，锻炼自己的领导才能和团队合作能力。通过担任学生干部，学生可以学习并实践领导技能、沟通协调能力、团队合作能力等，提高自己在组织管理和协作中的能力。这些经历对于学生的综合素质和职业发展都有积极的影响。

积极主动地提升自身的职业技能对于地方应用型高校学生的职业规划和就业竞争力至关重要。通过明确职业目标和发展方向、培养跨学科能力和综合素质等策略，学生能够更好地提升自身的职业技能，为未来的职业发展做好准备。同时，这也将为他们在数字经济时代中获得更多的就业机会和职业成就提供有力支持。

（四）保持身心健康，增强核心技能

健康包括身体与心理双重健康。健康对任何就业群体来说都是最具影响力的因素。

第一，如果没有好的身体，就不可能坚持工作，也就不可能有好的职位。为保持良好健康的体魄，工作、学习之余应当注重体育锻炼。

第二，没有健康的心理，根本无法适应社会，更谈不上正常工作。作为就业主体的大学生其心态对自身的就业产生着重要的影响，现代生活的快节奏和社会压力，使得人们的心理健康问题日益突出，也越来越受到人们的重视。为了拥有心理健康更要不断加强正确的世界观和人生价值观的学习，建立积极融洽的人际关系，主动缓解工作生活压力。

第三，大学生心态和观念，在一定程度上影响和制约着人才配置的成功率。这就需要大学生摆正就职心态，积极主动地进行职业规划，良好的心态有利于个人身心健康和各方面素质的提升，心理品质的健全是决定个人能否成功的关键因素。

有了身心健康作为基础，大学生还必须要提高自己的核心技能，在职业生涯规划中为自己核心竞争力的培养确定行动目标和方案。只有掌握核心技能的人才，才会是职场上的稀缺资源，大学生要培养自己的核心竞争力，让自己在职场上可以走得更远。能力好的学生，择业才能主动，从业才能适应，才能成功，否则，就业也难保证。帮助大学生提高核心技能，明确自己的核心竞争力，是在真正意义上落实好职业能力开发。

结 语

近些年,数字经济的快速发展对生产方式变革和就业结构产生了深远的影响,与人类经济史上的历次变革相比较,将数字技术变革作为基础的数字经济发展对职业的影响更加深化、持久与明显。基于此,青年大学生应该根据数字经济时代职业发展的典型特征与趋势,直面挑战,政府及相关部门也应该采取多元化的手段帮助青年实现高质量的职业发展。本书正是在这一特殊的时代背景下,对地方应用型高校学生职业规划展开了系统的理论研究与实践探索。研究结果表明,数字经济背景下地方应用型高校学生职业规划发展具有鲜明的时代价值与意义,不仅能够进一步地提高大学生的社会竞争力,还能够实现人才市场的合理配置,为大学生个性化发展提供有利的条件。但是在具体的实践中可以发现,数字经济背景下地方应用型高校学生职业规划面临着诸多的现实困境,具体表现在六个方面:一是职业规划意识淡薄,重视程度较低;二是职业定位不清晰,职业方向模糊;三是职业规划准备不足,职业发展不稳定;四是职业辅导体系不完善,就业指导未落实;五是师资队伍数字技能不足,课程设置不科学;六是政府保障措施不到位,社会支持力度较小。而导致这些问题产生的主要原因有三个层面,分别是大学生个人层面、学校层面、社会层面。为此,本书根据研究成果制定了数字经济背景下地方应用型高校学生职业规划的有效策略,从学校层面、政府和社会层面、大学生个人层面三个角度为地方应用型高校学生职业规划发展提供有价值的参考依据,以期实现学生职业规划的高质量发展,为大学生未来就业提供保障。

参考文献

[1]刘玉升. 大学生职业生涯规划[M]. 苏州:苏州大学出版社,2021.

[2]王涛,严光玉,李俊琦. 职业发展与就业指导[M]. 北京:北京师范大学出版社,2021.

[3]陈磊,张晓敏,黄利梅,等. 大学生职业发展教育[M]. 重庆:重庆大学出版社,2018.

[4]胡楠,郭冬娥,李群如,等. 大学生职业规划与就业指导教程[M]. 北京:人民邮电出版社,2017.

[5]王长青. 大学生职业生涯规划与发展[M]. 南京:南京大学出版社,2017.

[6]黄华. 大学生职业行为优化[M]. 南京:南京大学出版社,2015.

[7]王蕾,李春波,王荻. 大学生职业生涯规划指导思考[J]. 合作经济与科技,2024(3):92-94.

[8]汪翠翠. 以大数据为支撑的大学生职业规划系统构建与优化[J]. 国际公关,2023(24):185-187.

[9]张颖. 普通本科学生职业生涯规划教育现状调查研究:以 W 学院为例[J]. 吉林农业科技学院学报,2023,32(6):11-14,30.

[10]王佳卉. 职业生涯规划在大学生就业指导工作中的应用研究[J]. 产业创新研究,2023(21):173-175.

[11]芦大亮. 大学生职业生涯规划教育与心理健康教育融合的探究与思考[J]. 大学,2023(31):179-182.

[12]欧阳奕. 构建大学生"分层分级分类"就业指导体系研究[J]. 就业与保障,2023(10):88-90.

[13]李思静. 大学生职业生涯规划教育的现状与对策思考[J]. 现代职业教育,2023(30):161-164.

[14]陈捷. 大学生职业规划现状及其影响因素[J]. 黑龙江科学,2023,14(17):98-100.

[15]巩政,葛畅. 信息过载背景下地方本科院校职业生涯规划教育策略探

索[J]. 科技风,2023(27):32-34.

[16]李锋. 精准就业导向下大学生就业指导工作的实施[J]. 就业与保障,2023(9):88-90.

[17]周子乔. 基于生涯适应力理论的"3+6"职业规划课程实证研究[J]. 创新创业理论研究与实践,2023,6(17):81-83.

[18]肖舒匀. 大学生职业生涯规划与思政教育的融合途径[J]. 华东科技,2023(9):133-135.

[19]王姗姗. 数字经济对大学生就业影响:作用机理、困境及应对策略[J]. 天津商务职业学院学报,2023,11(4):3-12.

[20]吴巧文. 大学生职业生涯规划与心理健康教育融合途径探索[J]. 太原城市职业技术学院学报,2023(7):160-162.

[21]芦大亮. 基于服务视角下大学生职业生涯规划发展路径分析[J]. 湖北开放职业学院学报,2023,36(12):34-36.

[22]张凤娜,郝春东,余相辰. 应用型本科高校大学生职业生涯规划教育探析:以金融学专业为例[J]. 金融理论与教学,2023(3):115-118.

[23]孙凌涛,陈艳,王俊,等. "三全育人"理念下的大学生职业规划与就业指导[J]. 人才资源开发,2023(12):26-28.

[24]张延军,高少宇. 地方本科院校师范生职业生涯规划能力测评研究[J]. 邯郸学院学报,2023,33(2):79-85.

[25]许曦. 以就业为导向的大学生职业发展教育资源构建[J]. 就业与保障,2023(5):145-147.

[26]刘蓉. 面向高校学生职业规划的就业信息检索算法[J]. 信息技术,2023(5):32-35,40.

[27]柳伟. 大学生职业生涯规划教育与校企协同就业育人作用研究[J]. 理论界,2023(4):77-81.

[28]卢岚岚,赵泽龙,王静. 职业生涯规划视角下大学生就业对策研究[J]. 淮南职业技术学院学报,2023,23(2):61-63.

[29]蔡月,张鹏. 数字化时代下高校学生职业规划与就业指导的多维审视[J]. 就业与保障,2023(3):115-117.

[30]李娴. 基于"互联网+"理念的大学生职业生涯规划课程改革分析[J]. 创新创业理论研究与实践,2023,6(3):46-48.

[31]陈济生. 试析大学生职业生涯规划对其就业的影响[J]. 公关世界,2023

(2):29-31.

[32]时伟.大学生职业规划现状与对策探究[J].数据,2023(1):119-120.

[33]段立颖."大思政"视域下大学生职业规划与就业能力提升策略[J].职业教育,2022,21(23):60-61,78.

[34]钱晓丹.大学生职业生涯规划中的思想政治教育优化策略[J].佳木斯职业学院学报,2022,38(12):146-148.

[35]王克明.精准就业引导下大学生职业生涯规划指导的措施分析[J].人才资源开发,2022(22):65-67.

[36]邵蒙蒙.加强职业生涯规划教育保障大学生充分就业的研究[J].创新创业理论研究与实践,2022,5(21):79-82.

[37]陆蔚,罗加详.基于案例教学法的职业生涯规划课程对大学生的职业决策和学习满意度的影响[J].大学,2022(31):104-107.

[38]叶琛琰.新时代高校职业规划与就业指导课程体系构建探讨:评《职业发展与就业创业指导》[J].中国油脂,2022,47(10):158.

[39]孙艺萌.大学生职业规划与就业指导分析[J].人才资源开发,2022(20):74-76.

[40]王玮.新形势下大学生职业生涯规划促进就业的措施分析[J].公关世界,2022(18):176-177.

[41]祝燕萍,靳文学.新时代视域下大学生职业规划中创新创业能力培养探究[J].投资与创业,2022,33(18):31-33.

[42]刘梦鑫.新时代大学生职业规划能力培养路径研究[J].产业与科技论坛,2022,21(18):187-188.

[43]蒋芳.高校职业规划教学问题分析及策略研究[J].科技风,2022(25):32-34.

[44]姜欣言.积极心理学视域下大学生职业生涯规划的研究[J].江西电力职业技术学院学报,2022,35(8):134-136.

[45]黄露.高校大学生职业规划融入创新创业教育的分析[J].创新创业理论研究与实践,2022,5(16):101-103.

[46]王慧娜,谢泳栩,苗人太,等.广西某高校大学生职业规划现状及其与学业成绩和心理状况的关系研究[J].心理月刊,2022,17(14):62-65.

[47]夏青.新时代大学生职业生涯规划课程教学改革研究[J].湖北开放职业学院学报,2022,35(13):148-150.

[48]张颖.高校职业规划课程的价值回归与体系重构[J].教育教学论坛,2022(27):49-52.

[49]张璟,熊伟.新形势下大学生职业生涯规划促进就业的对策分析[J].文山学院学报,2022,35(3):106-109.

[50]成慧祯.大学生职业规划与就业指导方法体系创新研究[J].科技资讯,2022,20(12):205-208.

[51]詹一览.构建高校大学生职业生涯规划教育体系研究[J].中国多媒体与网络教学学报(上旬刊),2022(5):161-164.

[52]张风娟.双创背景下高校大学生职业发展规划分析[J].黑龙江科学,2022,13(7):37-39.

[53]王雨濛.高校大学生职业生涯规划现状、问题及对策分析[J].现代商贸工业,2022,43(11):68-69.

[54]周子乔,徐芃.基于生涯适应力理论的“3+6”职业规划课程体系构建[J].科技风,2022(9):34-36.

[55]苟颖.新时代大学生职业规划能力评估的路径探索[J].产业创新研究,2022(6):148-150.

[56]石猛.创新大学生职业生涯规划意识的思考[J].就业与保障,2022(2):133-135.

[57]朱孟斐,宗琪.职业生涯规划提高大学生就业率研究[J].就业与保障,2022(1):76-78.

[58]刘东亮,随凤华.立德树人视域下大学生职业规划能力提升路径探究[J].就业与保障,2022(1):124-126.

[59]马旭,高山.高校学生职业生涯规划研究[J].秦智,2022(1):53-55.

[60]张晨潇.高校辅导员在大学生职业规划与就业指导中的重要作用[J].黑龙江人力资源和社会保障,2022(1):115-117.

[61]吴培,陆江峰,周立云,等.探析网络时代大学生职业生涯规划教育应采取的措施[J].就业与保障,2021(24):61-63.

[62]徐玉德,刘迪,樊柯馨.数字经济时代会计教育转型与职业发展规划[J].财政科学,2021(12):27-36.

[63]张艳花.试论大学生职业规划课程的教学创新[J].现代职业教育,2021(50):126-127.

[64]王青艳. 职业规划指导课程体系建设的分析[J]. 电子技术,2021,50(11):242-243.

[65]申忠奇. 大学生职业生涯规划策略分析[J]. 黑龙江人力资源和社会保障,2021(18):145-147.

[66]谭梦秋,王刚,谭华. 高校开展大学生职业咨询初探[J]. 广东职业技术教育与研究,2021(5):199-201.

[67]刘阿娜,黄必顺. 心理健康教育在大学生职业规划中的应用研究[J]. 公关世界,2021(20):61-62.

[68]祖艺华. 关于大学生职业规划指导策略的研究[J]. 佳木斯职业学院学报,2021,37(9):159-160.

[69]季小燕. 大学生职业生涯的职业兴趣探索[J]. 现代职业教育,2021(36):142-143.

[70]钱洪彬. 职业生涯规划前提下学生就业技能提升方法[J]. 商业文化,2021(23):116-117.

[71]景文秀,张雷. 论职业生涯规划在大学生就业指导工作中的作用[J]. 就业与保障,2021(15):66-67.

[72]季小燕. 职业生涯规划在大学生就业指导工作中的应用[J]. 现代交际,2021(15):145-147.

[73]刁佳玺,林川钰,杨柯. 大学生职业生涯规划影响因素分析及对策研究[J]. 黑龙江人力资源和社会保障,2021(12):130-135.

[74]孙振江. 课程思政在大学生职业生涯规划教学中的有效融合策略探究[J]. 现代职业教育,2021(32):204-205.

[75]杨晓红. 课程思政理念下大学生职业生涯规划与就业指导教育探析[J]. 就业与保障,2021(14):141-142.

[76]陈锦. 大学生职业生涯规划课程教学中课程思政融入研究[J]. 黑龙江科学,2021,12(13):108-109.

[77]邹嘉唯. 基于大学生职业生涯规划的创新创业教育改革研究[J]. 决策探索(中),2021(6):65-66.

[78]马晟超,张月月,延玥. 提高当代大学生对职业生涯规划认识的建议[J]. 文化产业,2021(15):119-120.

[79]杨莉. 职业生涯规划在大学生就业指导工作中的作用[J]. 人才资源开发,2021(10):57-58.

[80]马青香.职业生涯规划视角下高校毕业生就业面临的现实困境与应对举措[J].无锡职业技术学院学报,2021,20(3):83-87.
[81]何辉.大学生职业规划与就业路径研究[J].现代职业教育,2021(20):198-199.
[82]徐微.职业生涯规划在大学生就业指导工作中的重要性探析[J].科技风,2021(13):39-40.
[83]田力雄.大学生职业生涯规划问题浅析及对策研究[J].大学,2021(18):153-156.
[84]汪贞.大学生职业生涯规划全程化培养的策略研究[J].商展经济,2021(8):131-133.
[85]冯宇楠.高等院校大学生职业生涯选择与就业指导的实施策略研究[J].产业与科技论坛,2021,20(8):267-268.
[86]刘炳序.立德树人视域下的大学生职业生涯教育[J].经济研究导刊,2021(11):79-81.
[87]许必颖.职业规划视角下高校学生组织在心理健康教育中的价值研究[J].心理月刊,2021,16(7):9-10.
[88]王乐.大学生职业生涯规划课程教学研究[J].就业与保障,2021(7):67-68.
[89]吴卓盈,李雨鸿,刘颖,等."互联网+"视角下职业生涯规划的服务应用[J].人才资源开发,2021(7):57-59.
[90]邢鹤.吉林省高校大学生职业生涯规划教育现状及对策探析[J].大学,2021(14):143-145.
[91]杨宇.服务视角下大学生职业生涯规划发展的路径研究[J].产业与科技论坛,2021,20(7):238-239.
[92]王凤华.民办高校大学生的职业素养发展[J].财富时代,2021(3):230-231.
[93]戴隆娥.大学生职业生涯规划与思想政治的融合互建[J].人才资源开发,2021(6):60-61.
[94]郑若冉.当代大学生的职业规划和就业指导[J].就业与保障,2021(5):65-66.
[95]季小燕.大学生职业生涯规划教育发展及挑战分析[J].吉林广播电视大学学报,2021(2):39-41.

[96]赵吴静.大学生就业指导与职业规划的探析[J].营销界,2021(11):190-191.

[97]杜兴艳,王小增,陈素萍.大学生职业规划教育对就业稳定性的影响研究:以某校毕业生麦可思调查数据为例[J].北京航空航天大学学报(社会科学版),2021,34(5):134-138.

[98]康燕.关于大学生心理健康对职业生涯影响的研究[J].就业与保障,2021(4):151-152.

[99]周培荣."互联网+"职业规划教育助推大学生精准就业[J].创新与创业教育,2021,12(1):107-112.

[100]冯彩虹.大学生职业生涯规划教育研究[J].就业与保障,2021(3):111-112.

[101]黄玮,关冰,董晨鸿.大学生职业生涯规划课程开展课程思政教育的探索与实践[J].中国多媒体与网络教学学报(中旬刊),2021(2):218-220.

[102]陈培玲,许文傧.大一新生职业生涯规划教育的探索与实践研究[J].现代职业教育,2021(9):92-93.

[103]刘秀荣.大学生职业生涯规划与创新创业能力提升探析[J].经济师,2021(2):139-141.

[104]刘秀荣.以职业生涯规划为导向的大学生创新创业教育模式[J].经济师,2021(1):146-147.

[105]郭文康.职业规划视域下大学生创新创业教育路径研究[J].就业与保障,2020(24):75-76.

[106]丁超.大学生职业生涯规划存在的问题及对策[J].人力资源,2020(24):72-73.

[107]万晨旭."互联网+"时代大学生职业生涯规划的影响因素及策略研究[J].就业与保障,2020(23):60-61.

[108]张理航.基于工程教育理念视域下大学生职业规划路径探索[J].科学咨询(科技·管理),2020(12):107.

[109]李敏.基于SWOT分析的大学生职业生涯规划的研究[D].桂林:广西师范大学,2016.

[110]申丽丽.大学生职业生涯规划存在的问题及策略研究[D].长春:吉林农业大学,2015.

[111]张怀文. A 学院大学生职业生涯规划现状调查与改进研究[D]. 兰州:兰州交通大学,2014.

[112]李寿锋. 大学生职业生涯规划中的思想政治教育研究[D]. 南昌:南昌航空大学,2014.

[113]戴世尘. 大学生职业生涯规划存在的问题及对策研究[D]. 沈阳:沈阳建筑大学,2015.

[114]王海龙. 大学生职业生涯规划存在的问题与对策研究[D]. 长春:吉林农业大学,2013.

[115]黄露. 我国大学生职业生涯教育探析[D]. 青岛:青岛大学,2012.